A. FERRET 1978

T. BONIE

COLONEL DU 11ᵉ HUSSARDS

ÉTUDE

SUR LE

COMBAT A PIED

DE

LA CAVALERIE

TACTIQUE ANCIENNE. — TACTIQUE MODERNE

PARIS

LIBRAIRIE MILITAIRE DE L. BAUDOIN

ÉDITEUR

1887

Droits de traduction réservés

ÉTUDE

SUR LE COMBAT A PIED

DE

LA CAVALERIE

Paris.—Imprimerie de J. DUMAINE, rue Christine. 2.

ÉTUDE

SUR

LE COMBAT A PIED

DE

LA CAVALERIE

Par le Colonel T. BONIE

COMMANDANT LE 11ᵉ HUSSARDS.

7094

PARIS

LIBRAIRIE MILITAIRE DE J. DUMAINE

LIBRAIRE-ÉDITEUR

Rue et Passage Dauphine, 30

1877

INTRODUCTION

Il est souvent d'usage de commencer un écrit par une maxime résumant la pensée de l'auteur. Voici la nôtre :

Une cavalerie qui ne sait pas combattre à pied comme à cheval est une cavalerie rétrograde, au-dessous de sa mission, et vouée fatalement aux revers.

Cette manière de voir va sans doute, en France, heurter bien des idées ; mais, ayant la ferme conviction que le combat à pied ouvre un horizon sans limites à la tactique de la cavalerie, nous n'hésitons pas à remonter le courant et à battre en brèche les préjugés qu'il importe de faire disparaître.

On peut les résumer ainsi :

« Le combat à pied n'est et ne doit être qu'un

accident. Il ne doit figurer *qu'exceptionnellement*. En agissant autrement, on fausserait les idées de la cavalerie et on paralyserait son élan. »

A ceux qui pensent que le combat à pied ne doit être qu'un accident, qu'une exception, nous répondrons simplement par l'énoncé des diverses circonstances dans lesquelles les nouveaux règlements étrangers prescrivent cette manière de soutenir la lutte.

Théorie prussienne. — Le combat à pied permet à la cavalerie d'entreprendre des expéditions lointaines.

La cavalerie ne doit pas redouter le combat à pied, qu'il faut, une fois commencé, pousser avec vigueur. Elle ne serait pas à la hauteur de sa mission, ni des exigences modernes, si elle ne savait pas combattre à pied comme à cheval.

La cavalerie doit être à même de pouvoir, à pied, forcer un défilé qui arrêterait la marche, obligerait à un détour, et causerait une perte de temps.

Il faut qu'elle puisse enlever ou défendre une localité quelconque, et s'y maintenir jusqu'à l'arrivée de sa propre infanterie.

Dans une retraite, par le combat à pied, elle

pourra arrêter l'ennemi, le forcer à se développer, et, par suite, à perdre du temps.

Elle devra soutenir ainsi la cavalerie se retirant dans un défilé, garder de cette façon ses cantonnements, etc., etc.

Théorie anglaise. — Maintenant que la cavalerie est armée de carabines rayées se chargeant par la culasse et capables de fournir un feu rapide et efficace, le service à pied prend une grande importance et doit être fréquemment pratiqué.

Des cavaliers qui savent mettre rapidement pied à terre et se mettre à l'abri, eux et leurs chevaux, peuvent, dans bien des circonstances, être très-utiles à la cavalerie : dans le cas, par exemple, d'un pays coupé, alors qu'il est difficile d'attaquer un ennemi monté.

Les circonstances les plus favorables à l'exécution du combat à pied sont les suivantes :

1º Quand, sur un terrain découvert et ondulé, favorable à la rapidité des mouvements, il est possible de gagner un abri, et de là harasser la cavalerie ou une réserve d'artillerie ;

2º Quand une avant-garde *ou* une arrière-garde peut profiter du terrain ou d'obstacles tels qu'un pont, un gué, un défilé, et de là tenir en échec la cavalerie ou l'artillerie, en les obligeant à ne franchir ces obstacles qu'avec danger et perte de temps;

3° Quand une troupe de cavalerie, suivant une route ou traversant un pays coupé, se voit menacée d'une attaque et exposée à un feu à longue portée; ou bien encore lorsqu'il est possible de profiter de talus et de fossés pour diriger un feu de flanc sur des lignes ennemies;

4° Dans des maisons isolées ou des fermes, quand une troupe inférieure en force peut, sans crainte d'être tournée, tenir en échec une cavalerie ennemie;

5° Quand des patrouilles ou des coureurs se rencontrent, etc., etc.

Les théories italienne, américaine, russe, sont encore plus explicites que les précédentes; mais, afin de ne pas prolonger ces citations, nous réservons l'analyse de ces divers ouvrages pour la seconde partie du travail.

En présence de tous ces règlements étrangers exprimant la même opinion et animés d'une si grande initiative, pouvons-nous rester inactifs ou insouciants? Evidemment non! Dès lors, si la cavalerie doit savoir combattre à pied dans de nombreuses circonstances, soyons logiques. Ce n'est plus une exception, c'est un fait que l'on est exposé à voir se présenter chaque jour dans toutes les petites opérations de la guerre ; ce n'est plus un incident, comme les opposants le disent, c'est une menace perpétuelle, c'est un obstacle qui peut se dresser tout à coup et qu'il faut être à même de renverser promptement, sous peine d'être annulé.

Peut-on nier la justesse de la pensée suivante, qui a cours à l'étranger :

« Toute mission prescrite doit être remplie. Est-elle possible à cheval ? Dans ce cas, en avant, à cheval et à l'arme blanche ! Est-elle impossible à cheval ? Alors, pied à terre et ouvrons-nous, malgré tout, un passage par le feu ! » (Général Von Schmidt).

Cette maxime n'est-elle pas logique, sensée, concluante ? Les puissances étrangères l'appliquent sur une grande échelle, en exerçant leurs cavaliers à pied aux petites opérations de la guerre, attaques ou défenses de bois, de villages, etc. Elles prescrivent le combat à pied, non pas avec des forces minimes, mais généra-

1.

lement au moins avec un escadron, très-souvent avec plusieurs escadrons et même avec des régiments entiers. Donc, puisqu'elles se présenteront avec une cavalerie nombreuse sachant bien se battre à pied, il est indiscutable que, pour être en mesure de lutter, il nous faut marcher en avant et donner aussi cette double instruction.

Quelle raison aurait-on de s'y soustraire ?

Est-ce la difficulté d'exercer une cavalerie à pied et à cheval ? rien n'est aussi simple ; nous le prouverons plus loin.

Est-ce la crainte de fausser les idées de la cavalerie et de paralyser son élan ? Mais c'est l'inverse que nous obtiendrons par l'emploi judicieux d'une bonne arme à feu, et il importe d'insister sur ce point. Loin d'amoindrir la confiance du cavalier dans son cheval, nous voulons l'étendre jusqu'à ses dernières limites ; il est facile de le prouver.

Autrefois, avant d'être armé d'un bon fusil, le cavalier était exposé, quand il s'avançait au loin, à être arrêté par une troupe à pied. Son instinct le portait donc à tourner la tête en arrière pour voir si l'infanterie amie arrivait pour l'appuyer. Actuellement, il peut se lancer dans les expéditions à grandes distances, car il se suffit à lui-même, et il est de force à occuper les points les plus éloignés jusqu'à ce que le fantassin le remplace.

Autrefois, la puissance du cavalier était simple, car elle dépendait d'un seul élément : le cheval. Actuellement, elle est double, car il faut lui ajouter un facteur important : le feu !

Autrefois, le cavalier était forcé de ne pas demander à son cheval la limite extrême de sa force et de ses moyens, car une fois démonté il restait sans défense et devenait la proie de l'ennemi. — Actuellement, il peut faire courir sa monture jusqu'à ce qu'elle tombe épuisée, car lui il se relève, et avec son fusil il peut encore se porter en avant et rester redoutable.

A lui donc désormais les grands espaces, les horizons sans limites, la rapidité extrême, les courses les plus hardies ; il ne dépend de personne, il peut tout tenter, et par cet emploi alternatif de la vitesse et du fond du cheval et d'une bonne arme à feu, il prend des ailes, et c'est le fusil qui les lui donne.

Dès lors, ne négligeons rien pour doter la

cavalerie de cette double instruction; mais, avant d'en établir les bases, nous tenons, pour convaincre les incrédules ou les timides, à ne procéder que logiquement et par déduction. Aussi, commencerons-nous notre travail par un exposé sommaire du combat à pied aux diverses époques. L'étude de l'histoire prouve que le thème soutenu par nous n'est que la continuation logique et le perfectionnement progressif de ce qui s'est fait à tous les âges, puisque le combat à pied dans la cavalerie remonte à près de vingt siècles.

HISTORIQUE

DU COMBAT A PIED

Les renseignements que l'on trouve dans les livres anciens sur le début du combat à pied sont incertains, contradictoires, et tiennent souvent de la légende ou de la fable. Ils ne deviennent sérieux qu'au temps d'Alexandre le Grand; aussi prendrons-nous ce règne comme le point de départ des documents que l'on peut consulter avec certitude sur la question que nous traitons.

Nous jugeons inutile de citer, dans l'esquisse qui va suivre, tous les exemples que nous avons recueillis, car il faudrait un gros volume avant d'arriver au combat moderne, qui est notre objectif. Il nous semble suffisant de présenter, pour chaque époque, un ou plusieurs faits prouvant que le combat à pied n'était pas une ex-

ception, mais bien une idée largement acceptée.

L'historique est divisé en trois périodes :

La première comprend les exemples fournis par les armées anciennes ;

La deuxième se rapporte au moyen âge et à la
transformation opérée par l'introduction des
armes à feu ;

La troisième expose le combat à pied pendant les dernières guerres.

Nous ne donnerons point, dans cet historique, les détails relatifs à la manière de tenir
les chevaux de main, parce que nous avons
consacré un chapitre spécial à cette importante
question.

PREMIÈRE PÉRIODE

Armée grecque et armée romaine.

———————

Dans la lutte contre les Perses, Alexandre, sachant qu'il aurait à combattre une cavalerie des plus habiles, chercha, pour l'écraser, une nouvelle tactique. Comprenant tout le parti que l'on pouvait tirer de l'effet produit par une troupe jetée au loin, il créa un corps de fantassins à cheval qui furent nommés *Dimaques*, mot grec signifiant *guerriers combattant de deux manières*. Leur service consistait à se porter rapidement à cheval à de grandes distances sur un point où leur présence n'était pas attendue, à mettre pied à terre pour combattre, puis à remonter à cheval pour revenir promptement au point de départ reprendre leurs places primitives.

Ils étaient armés plus solidement que la cavalerie, mais moins que l'infanterie.

Cette double instruction à pied et à cheval fut perfectionnée peu à peu, et pour rendre ses cavaliers plus lestes et plus indépendants quand ils descendaient de cheval pour se battre à pied, Alexandre leur attacha des valets auxquels la garde des chevaux de main fut confiée.

La valeur de cette organisation grecque fut vite appréciée et imitée dans la milice romaine.

Romulus forma une troupe d'élite nommée *Celeres* à cause de leur promptitude à combattre soit à pied, soit à cheval. Elle reçut comme armement la lance ou l'épée. Instruite à courir au loin à cheval, elle était également dressée à se battre à pied. Elle fut chargée de s'emparer, en Toscane, de Trossulum, s'acquitta de cette mission sans le secours d'aucune autre troupe, et fut constituée garde du corps. Par la suite, les jeunes gens qui en faisaient partie prirent le nom d'*Equites* ou de chevaliers romains.

Ainsi que cela s'était passé sous Alexandre le Grand, pour ne pas diminuer le nombre des combattants à pied, une troupe d'esclaves fut dressée à tenir leurs chevaux de main.

A la bataille de Cannes, les deux cavaleries ennemies en vinrent aux mains ; les Romains, voyant que le succès ne se décidait pas, sautent à terre pour continuer la lutte en combattant à pied, exercice qui leur était familier.

Tite-Live raconte que dans une bataille contre les Herniques, les cavaliers romains n'étant point parvenus par leurs charges à repousser l'ennemi, mirent pied à terre pour se battre comme l'infanterie. Il ajoute que cet usage n'était pas habituel seulement chez les Romains, mais que les meilleures cavaleries étaient exercées ainsi, et que les Germains, les Gaulois, les Parthes, et d'autres encore, savaient promptement descendre de cheval et combattre à pied avec succès.

Au combat du Tésin, la cavalerie romaine fut d'abord surprise et entourée par les cavaliers d'Annibal. Se trouvant dans une situation critique, elle mit pied à terre pour combattre, et, par son adresse dans ce genre d'exercice, elle fit plus de mal à la cavalerie ennemie qu'elle n'en éprouva elle-même.

Tacite, Polybe, Tite-Live, Végèce, Montaigne citent même de nombreux combats dans lesquels les cavaliers montrèrent qu'ils étaient aussi bien exercés à pied qu'à cheval.

Sous les Empereurs romains, on s'occupa

beaucoup du combat à pied, et César exigeait que les cavaliers fussent prompts à sauter à terre pour continuer la lutte en fantassins.

Pendant les règnes suivants, on continua cette double instruction. Vespasien a des cavaliers faisant le service à pied. A l'assaut de Jotapate, il fait descendre de cheval sa cavalerie et l'emploie comme infanterie.

Lebeau, écrivain du XVIIIe siècle, raconte qu'en maintes batailles Bélisaire transformait ses hommes de cheval en fantassins, et leur faisait mettre pied à terre pour recevoir le choc.

Si les faits de ce genre abondent, par contre les détails manquent sur la manière d'attacher les chevaux. Certains peuples les dressaient, comme le font les Arabes, à ne pas bouger quand les rênes étaient passées par-dessus l'encolure.

Durant cette période grecque et romaine que nous venons d'esquisser, on trouve sans cesse dans les livres anciens des exemples de combats à pied. Et cependant c'est le moment où ils avaient le moins de raison d'être, car à l'époque brillante de la domination romaine, la cavalerie était peu nombreuse et l'infanterie avait toute la

prépondérance. Dans ces conditions, on aurait
dû incliner à se servir de la cavalerie exclusi-
vement avec ses qualités natives, c'est-à-dire à
cheval, tandis qu'au contraire nous la trouvons
fréquemment employée au combat à pied, et
rendant ainsi de réels services. De plus, la
faible portée des armes de jet permettait à la
cavalerie d'arriver sans rien craindre à bonne
et courte distance pour fondre ensuite sur
l'ennemi avec succès. Tout devait, en consé-
séquence, inviter à conserver à cheval le petit
nombre de cavaliers qui existait ; malgré cela,
nous voyons les plus grands chefs de cette
époque exiger de leurs cavaliers cette double
instruction.

L'étude de cette période ancienne est donc
fertile en leçons qui démontrent que, même
aux temps les plus reculés, l'idée du combat à
pied était acceptée sur de larges bases.

DEUXIÈME PÉRIODE

Moyen âge. — Adoption des premières armes à feu pour la cavalerie.

A l'époque du moyen âge, la lourde cavale-rie des chevaliers représente la force principale des armées, mais elle dévie absolument de son rôle. Pendant la période ancienne, la cavalerie, sans être très-rapide, tendait à progresser peu à peu pour prendre de la vitesse. A la bataille de Zama, elle était déjà assez manœuvrière pour décider la victoire en prenant à revers la légion carthaginoise. Celle d'Annibal (les Numides) passait sa vie entière à cheval; sa tactique consistait, non à poursuivre directement les fuyards, mais à faire de grands détours pour prendre à revers et envelopper l'armée romaine, grâce à la vitesse de ses chevaux.

Il n'en est plus ainsi quand on arrive à la féodalité, c'est l'époque de la décadence, de l'abandon de toute tactique. L'infanterie n'est plus rien, la cavalerie est tout. Au lieu d'alléger le cheval pour lui conserver ses propriétés natives de vitesse et de fond, on le couvre d'une armure tellement lourde qu'il ne peut galoper que la longueur de la lice.

Les chevaliers sont de même armés de pied en cap, tous en première ligne et sur un rang, car leur amour-propre exige qu'ils ne soient masqués par personne. Plus de combat d'ensemble, mais un contre un. C'est le règne de la force, du courage individuel, des passes d'armes, des tournois; mais, par contre, c'est la négation de toute science et de tout principe de guerre, c'est l'oubli de toutes les règles inhérentes au maniement de la cavalerie.

Le chevalier pousse tellement loin le culte de son armure, que même dans les siéges, lorsqu'il est obligé de mettre pied à terre pour combattre, il refuse de se séparer d'elle. Ecrasé par le poids, il ne peut plus remuer tant il est lourd, et il reste à la merci d'un ennemi plus leste. Rien n'y fait ! l'armure, c'est sa gloire et son point d'honneur !

On se rend compte de l'étonnement, de la stupeur causés par le premier coup de feu tiré sur ces colosses de fer qui se croyaient inatta-

quables dans leurs carapaces. Ils jettent d'abord
de hauts cris, se révoltent contre cette inven-
tion, et il n'est pas sans intérêt de citer l'aveu
naïf, relevé par le général Susane, de l'indi-
gnation que causait au maréchal de Tavannes
l'introduction des armes à feu :

« Les bardes d'acier, carapaçons de buffle,
« de maille, servaient aux batailles anciennes
« qui se démêlaient avec l'épée et la lance ; le
« peu de périls rendait les combats longs...
« Tel a été fait en Italie, les hommes et les
« chevaux si bien couverts que, de deux cents
« meslez, ne s'en tuait quatre en deux heures.
« Les grands pistolets rendent ces bardes inu-
« tiles et la meslée si périlleuse qu'un chacun
« en veut sortir... Si les armes offensives con-
« tinuent d'augmenter ainsi qu'elles font par
« les longs pistolets, virolets, mousquets, poul-
« dres et balles artificielles, il sera nécessaire
« d'inventer des défenses... Ceux qui ne veulent
« rien commettre à fortune ont renforcé leurs
« cuirasses, fabriqué des plastrons doublés de
« lames, leurs casques à l'épreuve du mous-
« quet, se rendant incapables de servir dans les
« combats ; estaient enchaisnez et liez de la pe-

« santeur de leurs armes, ils deviennent en-
« clumes immobiles, chargeant tellement leurs
« chevaux qu'au moindre accident ils succom-
« bent dessous... »

Comme on le voit, dans les combats indivi-
duels, le péril couru était minime (4 tués en
2 heures). Aussi les chevaliers résistaient à
outrance à l'idée d'abandonner leurs cuirasses.
Au lieu de chercher à s'alléger et à courir vite
pour rester moins longtemps exposés aux balles,
ils font l'inverse, augmentent de plus en plus
l'épaisseur du métal, et le poids devient si lourd
que le cheval en est écrasé.

Ce premier moyen n'ayant amené qu'un résultat déplorable, les chevaliers cherchent à
s'alléger en remplaçant le fer par le buffle, et
allant encore une fois en sens inverse du but à
atteindre, ils ne voient plus de salut pour eux
qu'en répondant à cheval au feu par le feu ;
alors ils rejettent l'arme blanche et il n'ont plus
confiance que dans le pistolet ou l'arquebuse.

La cavalerie se forme en profondeur sur plusieurs rangs. En France, on compte cinq rangs;
en Espagne, elle est sur huit ou dix rangs. Pendant la guerre de Trente ans, les reîtres alle-

mands se forment sur vingt ou trente rangs de profondeur. Chaque rang faisait feu, puis se démasquait pour aller se reformer en arrière, et ainsi de suite, jusqu'à ce que l'ennemi fût ébranlé ; alors la masse entière chargeait l'ennemi l'épée à la main.

Une planche prise dans un des ouvrages de l'époque donne deux figures qui représentent les cavaliers sur plusieurs rangs exécutant au galop des feux contre l'infanterie.

1re *Figure.*

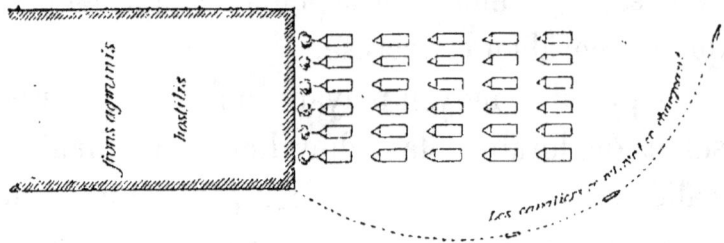

Les cavaliers, sur 6 de front et sur 5 rangs, marchent au galop.

Les cavaliers du premier rang ont allongé l'allure, font feu et se retirent par un à-gauche individuel en chargeant leurs armes.

2ᵉ *Figure.*

Les cavaliers au galop exécutent des feux de flanc.

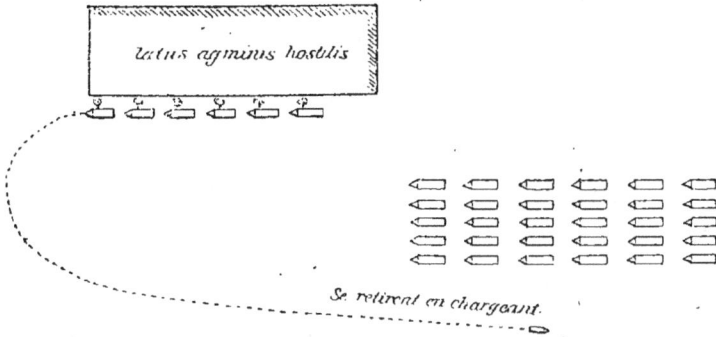

latus agminis hostilis

Se retirent en chargeant.

On reste surpris de voir durer aussi longtemps cette tactique à rangs profonds de la cavalerie, quand les récits de l'époque donnent
un chiffre insignifiant pour les pertes causées
par le feu à cheval. Vers la fin du XVIᵉ siècle,
elle est encore la même. Distancée par les progrès accomplis dans l'infanterie et l'artillerie, la
cavalerie reste dans l'enfance de l'art. Elle ne
cherche pas la vitesse, elle caracole, et cette
manœuvre constitue son mouvement favori. On
n'a pas l'air de se douter du parti que l'on peut
tirer de la puissance du cheval, et l'erreur de se
former en rangs profonds dure jusqu'à Gustave-Adolphe, qui adopte les dispositifs sur
trois rangs. Charles XII s'engagea encore plus

2

dans l'idée vraie de la rapidité ; Frédéric dépassa à son tour tous les progrès antérieurs, et il appartint enfin au génie incomparable de Napoléon Ier de comprendre l'emploi de la cavalerie dans ses plus extrêmes limites.

Mais n'anticipons pas, et, après avoir montré l'impuissance du feu à cheval, reprenons l'historique du combat à pied.

En 1744, Guillaume de Tyr montre les gens d'armes (*facti pedites sicut mos est Teutonius*) se transformant en fantassins comme c'est l'usage des Teutons. Commines dit : « Entre les Bourguignons, *lors estoient les plus honorez* ceux qui descendoient avec les archers. »

Depuis cette époque, la cavalerie combat souvent à pied. Hallam écrit que : « Pour mieux concentrer l'attaque qui se faisait par ceux armés de lances, qui chargeaient sur une seule ligne, il devint ordinaire de faire mettre pied à terre aux cavaliers qui laissaient leurs chevaux à quelque distance et combattaient avec la lance. » Cet usage, incommode avec l'armure du XVe siècle, s'introduisit avant qu'elle fût devenue aussi massive. Les historiens du XIIe siècle n'en parlent que comme d'une ma—

nœuvre allemande et anglaise qui s'introduisit également en Italie (BARDIN).

A la bataille de Poitiers, le prince Noir emploie avec grand succès le combat à pied. Il donne l'ordre à sa cavalerie de mettre pied à terre. Le roi Jean, dont les troupes venaient d'être culbutées, voit que le succès de son adversaire vient de cette manœuvre ; il donne un ordre pareil à sa cavalerie : mais les situations ne se ressemblaient point, car ses lourds chevaliers bardés de fer ne peuvent plus remuer, tandis que les Anglais remontent à cheval et en font un grand massacre. Le succès de la cavalerie anglaise tint en partie à la double instruction à pied et à cheval.

Sous Charles VII, des cavaliers à cheval appelés *argoulets* étaient instruits à mettre pied à terre pour combattre, et, dans ce cas, ils attachaient leurs chevaux à la selle du page de l'homme d'armes à qui ils appartenaient.

François Ier prescrivait à tous ses capitaines de dresser dans leurs compagnies un certain nombre d'hommes à combattre à pied et à cheval.

Montluc, faisant le récit de la bataille de Cerisolles (1544), parle des arquebusiers que l'on employait avec succès dans le combat à pied. Ils furent placés dans les vides des bataillons, et quand ils avaient fait leurs décharges, ils allaient à la queue pour recharger leurs armes.

En 1552, le maréchal de Brissac, pendant sa campagne en Piémont, comprenant tout le parti que l'on pouvait tirer d'une troupe rapidement portée sur un point inattendu, créa une sorte d'infanterie à cheval ; arrivés sur le terrain, ces hommes mettaient pied à terre, faisaient tenir leurs chevaux par des goujats et se battaient avec l'arquebuse.

Sous Henri III, les arquebusiers à cheval descendent pour combattre, se cachant derrière les haies, les maisons, défendant des villages et empêchant par leur feu l'ennemi d'approcher.

En 1592, Henri IV, pendant le siége de Rouen, laisse Biron devant la place, et, suivi de 3,500 cavaliers, il se porte au-devant du duc de Parme. Se trouvant en face de forces supérieures, et son infanterie tardant à arriver, il fait mettre pied à terre à une partie de sa cavalerie et livre le combat d'Aumale, où il déploie la plus grande valeur.

L'importance du combat à pied grandit et s'affirme souvent pendant le règne de Louis XIV. Quand Turenne vint, en 1674, couvrir l'Alsace, il se porte au-devant de l'armée ennemie; puis, apprenant qu'elle vient de quitter le Necker, il se met à sa poursuite et la bat près de Sintzheim. Dans ces diverses marches ou rencontres, le combat à pied fut souvent pratiqué avec succès pour attaquer des bois ou défendre des défilés.

Le grand Condé employa souvent la cavalerie avec son arme à feu comme principal moyen de combat.

Les dragons se firent une réputation en ce genre d'instruction sous le règne de Louis XVI. Il faut remarquer qu'ils s'approchaient plus, par leur service, de l'infanterie que de la cavalerie. Ils étaient néanmoins exercés à toutes les manœuvres à cheval de la cavalerie. Les dragons ennemis étaient également instruits à combattre à pied et à cheval.

Exposant au chapitre du combat moderne tous les systèmes connus pour tenir les chevaux

2.

de main, nous ne répétons pas ici le détail des mouvements.

Pendant la période que nous venons d'esquisser, l'arme à feu tient une grande place, mais l'emploi du cheval n'étant pas compris, et ne jouant qu'un rôle accessoire, la cavalerie faisait fausse route. On devait finir par réagir contre cette lourdeur, cette sorte d'immobilité paralysant l'élan d'une arme dont la mission a toujours été les pointes aux grandes distances. Cette vitesse qu'elle ne connaît plus, cette hardiesse à se jeter sur l'ennemi, elle va les retrouver sous l'impulsion de Gustave-Adolphe, de Charles XII et surtout de Frédéric. C'est l'époque brillante des grandes attaques de cavalerie. Secondé dans ses vues par des généraux hors ligne, le grand Frédéric introduit des réformes nombreuses, perfectionne l'équitation, veut la vitesse et toute la vitesse, défend le feu à cheval pour ne frapper qu'avec l'arme blanche. Finalement, cette cavalerie qu'il trouve lourde et pesante, il la rend manœuvrière, prompte à la charge, et cette tactique nouvelle lui vaut ses plus belles victoires à Friedberg, Sorr, Kollin, Zorndorf.

Certes, voilà bien une des époques brillantes pour la cavalerie. Fond et vitesse, courses à perte de vue, tels sont les éléments de puissance que le cheval doit donner. Mais si Frédéric peut être cité comme un maître ayant rejeté les idées rétrogrades pour demander à la cavalerie un de ses vrais rôles, par contre, le résultat ne devient complet qu'avec le génie de Napoléon Ier.

Mieux que personne, l'Empereur savait que la cavalerie doit être comme un ouragan, une sorte de cyclone, renversant tout sur son passage. Personne mieux que lui n'a su l'employer en exigeant toute sa rapidité, témoin ses victoires à Marengo, Austerlitz, Iéna, Eylau, Essling, la Moskowa. Entraînée par des chefs illustres, types de la bravoure la plus chevaleresque, la cavalerie française fond sur l'ennemi, pénètre comme un coin et brise ou disperse à l'arme blanche toute résistance.

Pour l'emploi de la cavalerie avec ses qualités de vitesse, l'empereur Napoléon Ier a été un maître sans rival. Mais cela ne suffisait point à son génie. Se contenter d'une qualité, ce n'était pas assez. Il comprend que l'action de la cavalerie doit être double, et parce qu'elle est irrésistible à cheval, est-ce une raison pour qu'elle ne soit pas dangereuse à pied ?

Une arme devant donner toute sa puissance, l'Empereur veut l'aptitude aux deux emplois. Il revient souvent sur cette idée, nous allons en donner la preuve.

Nous ne demanderons pas cette preuve aux exemples de combat à pied, qui eurent lieu en Italie, en Allemagne et en Espagne ; on pourrait objecter que ces circonstances furent exceptionnelles, et amenées par des difficultés de terrain. Au-dessus de ces preuves fortuites et passagères, nous placerons les réflexions de ce grand homme sur l'emploi à pied de la cavalerie. A celles-ci, on doit attacher un grand prix, car elles ont été écrites après l'expérience de toutes les guerres.

Son coup d'œil d'aigle mettant à profit les leçons du passé, perce le voile de l'avenir, comprend et indique tout le parti que l'on peut tirer d'une cavalerie bien instruite à pied.

Les Mémoires de l'Empereur prouvent combien sa pensée s'est souvent fixée sur ce genre de combat, puisqu'il en prescrit l'application comme une nécessité pouvant fréquemment se présenter.

On y lit, en effet, les réflexions suivantes : « Turenne, Eugène de Savoie, M. de Vendôme, faisaient grand cas et grand usage des dragons. Partageant cette manière de voir, l'Empereur avait réuni plusieurs divisions de dragons à Compiègne et à Amiens. Elles étaient sans chevaux, et devaient être embarquées pour servir à pied en Angleterre jusqu'à ce qu'on pût les monter. »

Plus loin, il fait ressortir tout le parti que l'on pourrait tirer d'une division de deux mille dragons se portant rapidement sur un point pour mettre pied à terre et pouvoir ainsi défendre un front, une hauteur, un défilé, etc. Il énonce également le service que l'on pourrait attendre de cette arme dans une retraite.

Revenant souvent sur cette idée, l'Empereur la précise au point de dire : « Que la cavalerie doit pouvoir combattre à pied et être pour cela exercée à l'école de peloton et de bataillon. »

Il veut que ses dragons soient « cavaliers habiles, non moins que fantassins bien exercés. »

Tout en exigeant que la cavalerie agisse surtout par l'arme blanche, il entend qu'une
partie soit armée de fusils pour combattre à
pied, et remplacer l'infanterie qui n'aurait pas
eu le temps d'arriver. Il veut même que toute
cavalerie appelée à être détachée soit pourvue
d'une arme à feu, afin de pouvoir lutter au
besoin contre l'infanterie qu'elle trouverait devant elle.

Pour rendre ce mode de combat plus fré-
quent et plus pratique, l'Empereur ajoute
« qu'il aurait préféré avoir quatre sortes de
cavalerie au lieu de trois... L'une d'elles,
composée de petits hommes et de petits chevaux, aurait servi d'éclaireurs et aurait détaché
près des dragons un cinquième de son effectif pour tenir les chevaux pendant le combat
à pied. »

Pour ne pas multiplier indéfiniment les citations, nous citerons un dernier passage des
Mémoires de l'Empereur :

« Toute cavalerie doit être munie d'une
arme à feu, et savoir manœuvrer à pied. Trois
mille hommes de cavalerie légère ou trois
mille cuirassiers ne doivent pas se laisser arrê-

ter par mille hommes d'infanterie postés dans un bois ou dans un terrain impraticable. Trois mille dragons ne doivent pas hésiter à attaquer deux mille hommes d'infanterie qui, favorisés par leur position, voudraient les arrêter. »

Puisque l'Empereur avait cette manière de voir quand la cavalerie était dotée d'une arme à feu plus que médiocre, longue à charger, d'une portée minime, ayant par les mauvais temps des ratés nombreux, des cartouches à moitié vidées par les allures rapides du cheval, comment ne pas admettre qu'il accentuerait encore plus aujourd'hui l'importance du combat à pied, par suite de l'armement merveilleux mis dans nos mains? Il nous semble inutile d'insister sur ce point indiscutable, et nous allons, pour terminer l'historique, passer à l'esquisse de l'emploi du cavalier à pied pendant l'époque moderne.

TROISIÈME PÉRIODE

Époque moderne

Les combats de cavalerie livrés au commencement de cette période, en Afrique, en Chine, au Mexique, ne présentent que des masses en désordre qui ont été culbutées par nos régiments ou nos escadrons instruits avec méthode. On peut dire que le climat était surtout l'ennemi à vaincre ; aussi la tactique de la cavalerie resta stationnaire et sans changement marqué. Il en fut de même pendant la guerre de Crimée, qui se résuma en un long siége.

Les armes se chargeant par la culasse amenèrent de profondes modifications pour se maintenir à la hauteur des exigences modernes, et la guerre d'Amérique vint mettre en évidence le parti que la cavalerie peut tirer du combat à pied. Le Nord et le Sud ne reculèrent devant aucun sacrifice pour grandir le rôle de cette arme, si faible au début de la campagne. Pour lui permettre de se suffire à elle-même en toutes circonstances quand elle agira au loin, on la rend indépendante par l'adoption des armes à tir rapide. Outre le revolver à sept coups, on lui donne d'abord une carabine à répétition tirant huit coups, puis la carabine Henry à quinze coups. Bientôt on verra la cavalerie se lancer dans les entreprises les plus hardies et les grands mouvements à perte de vue.

A la bataille de Five-Forks, l'emploi à pied de la cavalerie fut très-remarquable. En voici le récit, d'après le colonel fédéral Lecomte :

« Le 28 mars 1865, le général Grant ordonnait au général Sheridan de mettre sa cavalerie en mouvement le lendemain, de grand matin. Sheridan pouvait marcher par les chemins les plus près en arrière du 5ᵉ corps, passer près ou à travers Diuviddie-Evort-House, et atteindre aussitôt que possible la droite ou les revers de l'ennemi.

« Le 29, à minuit, la cavalerie de Sheridan arrivait à Diuviddie-Evort-House.

« La ligne fédérale était alors étendue : à droite à l'Appomatox, la gauche à Diuviddie-Evort-House, sur une longueur d'une vingtaine de milles au moins.

3

« Le général Grant, qui avait couru sur la gauche avec Sheridan, ordonna à celui-ci de tourner la droite ennemie, et même d'arriver sur les revers. Il l'avertit aussitôt qu'il lui laissait pleine latitude d'agir, pourvu qu'il restât attaché à l'armée.

« La pluie, qui tomba à torrents toute la nuit du 29 au 30 mars, n'empêcha pas la cavalerie, accoutumée aux boues, de continuer son mouvement. Elle se porta sur Five-Forks, à quinze milles de Petersburg et à six milles de Diuviddie-Evort-House, où elle rencontra l'ennemi en force. Tout le corps du général Hill y était concentré, avec de l'artillerie, derrière des épaulements.

« Le 30 au soir, pendant que Waren prenait possession de la route White-Bak, Sheridan, plus à gauche, s'était emparé de Five-Forks, après un combat contre une faible position des avant-postes de Hill, formée surtout par la cavalerie. Mais lorsque Hill en eut fini avec Waren, il revint en force sur Sheridan et le rejeta avec pertes sur Diuviddie-Evort-House.

« Ici, le général Sheridan se montra réellement digne de la haute confiance que plaçait en

lui le lieutenant général Grant, et il déploya
des talents et une énergie au-dessus de l'ordinaire. Au lieu de battre en retraite sur l'armée
principale pour y raconter l'histoire banale des
forces supérieures rencontrées et d'un urgent
besoin de renforts, comme maints chefs de
corps d'armée l'eussent fait à sa place, Sheridan fait mettre pied à terre à la plus grande
partie de sa cavalerie et la déploie en ligne de
tirailleurs et en ligne de bataille. Il ne garde
d'hommes montés que ceux nécessaires pour
tenir les chevaux, et un régiment de réserve
pour quelque utile charge dans l'occasion. Les
carabines Spencer de ses cavaliers à pied font
des prodiges, et le général Hill se trouve bientôt arrêté.

« Au moment où il avait dû se replier, Sheridan avait avisé le général Grant de l'état des
choses, lui mentionnant que, quoique serré de
près, il ne battait en retraite que lentement sur
Diuviddie-Evort-House.

« Dans la nuit du 31 mars au 1er avril, des
troupes rallièrent celles du général Sheridan,
et celui-ci reprit l'offensive le 1er avril au matin. Toute la journée on se battit, les confé-

dérés défendant le terrain pied à pied. Enfin, vers le soir, ils furent rejetés sur les ouvrages de Five-Forks, où, brusquement assaillis, ils ne combattaient plus qu'avec nonchalance et découragement. Les ouvrages furent pris avec 18 canons et environ 5,000 prisonniers.

« Le 3 avril, de grand matin, les premiers soldats fédéraux rentrèrent à Richemond. Pendant ce temps, les troupes confédérées avaient évacué les retranchements.

« Les fédéraux commencèrent la poursuite avec ardeur et régularité. Cette fois, Sheridan, loin de mettre sa cavalerie à pied, fit monter à cheval tout son monde et s'élança sur les traces de Lee, qu'il devança sur la route de Linchbun.

« Le succès de cette bataille de Five-Forks devait amener la fin de la guerre. »

La cavalerie américaine trouva souvent l'occasion de combattre à pied, et cet appoint intelligent lui permit de prendre une indépendance et une liberté d'action faites pour tenter les coups les plus hardis. Avec son armement à tir rapide, la cavalerie ne se préoccupait plus de savoir si elle était suivie ou appuyée par son infanterie. Elle s'affranchissait du secours des autres armes, se lançait au loin sans rien craindre, trouvait en elle-même les ressources nécessaires pour se suffire en toute circonstance, et par ce double emploi combiné du cheval et du feu, elle acquérait une mobilité que l'on retrouve sans cesse dans l'étude intéressante de la guerre de la Sécession.

La campagne de 1870 nous fournit à son tour des exemples sur les services rendus par une cavalerie combattant à pied. Nous citerons les suivants :

Le 6 août, jour de la bataille de Spicheren, le général Steinmetz fait traverser Sarrebrück à sa cavalerie et la lance sur la rive gauche de la Sarre ; suivant à peu de distance, il attaque le 2e corps français. Le combat s'engage et, après une sanglante résistance, les hauteurs boisées de Spicheren et de Stiring sont enlevées par l'ennemi.

Notre cavalerie, qui n'avait eu aucun rôle à jouer pendant la bataille, trouva vers le soir l'occasion d'agir. Les troupes primitivement chargées de la défense du débouché des bois ayant dû se replier, il ne restait sur ce point

qu'une compagnie du génie et une partie du
12e dragons. Deux escadrons de ce régiment
mirent pied à terre, se placèrent derrière les
petites tranchées construites rapidement par le
génie et ouvrirent le feu contre les têtes de
colonnes qui s'avançaient. Les ayant arrêtées,
ils remontèrent à cheval et chargèrent l'ennemi, qu'ils parvinrent à repousser. Après ce
brillant exploit, ils se replièrent derrière la
ligne du chemin de fer ; avec l'aide de la compagnie du génie, ils maintinrent leurs positions
assez longtemps pour permettre aux troupes
qui occupaient Forbach de prendre leurs dispositions militaires.

Ce fut un beau fait d'armes exécuté par cette
cavalerie combattant à pied.

Dans la journée du 31 août, la cavalerie fut
employée avantageusement à pied.

Vers quatre heures du soir, les régiments
placés sous les ordres du général de Clérembault reçurent l'ordre de marcher à la droite
du 5e corps et de suivre les mouvements de
l'infanterie. La division, formée sur deux lignes
par brigade, se porte en avant, précédée par
des tirailleurs, mais le terrain devient très-

difficile; on est obligé de faire rompre en colonne avec distance, puis dans chaque peloton par quatre, ce qui amène un peu de désordre. Prévenu qu'il devait appuyer le mouvement du général Montaudon, en tournant la position ennemie, le général de Clérembault se porte en avant, en reformant sa division en colonne avec distance, le 5e dragons en tête, et se dirige le long des vignes de Coincy, à l'extrémité du plateau où sont établis les fours à chaux. A peine arrivée sur la crête, la division fut couverte de projectiles venant de la direction de Savigny, position située à une assez grande distance sur la gauche. Le général fit traverser le ravin de Coincy, pour mettre sa division à l'abri, et la reforma de l'autre côté, sur la pente au-dessous de la crête, face au village, et sur deux lignes. A gauche se trouvaient le ravin de Coincy et des vignes; à droite une crête, derrière laquelle était de l'infanterie ennemie. En avant, on avait un village entouré de jardins occupés par les Prussiens, et, en arrière, des bois aboutissant au ravin de Colombey.

Les renseignements fournis ayant indiqué

au loin dans la plaine de l'infanterie ennemie, un peloton du 5ᵉ dragons reçut l'ordre de mettre pied à terre pour surveiller le flanc droit de la division. A ce moment, une reconnaissance rentra pour annoncer que de la cavalerie prussienne s'avançait rapidement pour s'emparer du village de Coincy, position qui dominait le ravin où se trouvait la division. Il devenait donc urgent de devancer l'ennemi dans la position du village, et le général de Clérembault chargea le 4ᵉ dragons de cette opération.

Deux escadrons, force qui paraissait alors suffisante, partirent immédiatement au galop, mirent pied à terre, s'embusquèrent avantageusement dans les plis de terrain en avant du village et ouvrirent un feu rapide sur l'ennemi. Les deux autres escadrons à cheval, menés vivement par le colonel, entreprirent un mouvement tournant pour prendre de flanc et à dos l'adversaire que l'on croyait, d'après l'avis fourni, être de la cavalerie. Mais à peine fut-on en vue que le sous-lieutenant du 4ᵉ dragons, lancé en avant, vint détromper sur la nature des forces que l'on croyait avoir devant soi, et en même temps une grêle de balles, lancées par un bataillon prussien qui était embusqué, vint frapper la colonne. Le colonel, comprenant qu'il ne pouvait avec deux escadrons tenir tête à ce bataillon dans la forte position qu'il avait choisie, et jugeant à juste titre que le seul parti à prendre consistait à empêcher l'infanterie ennemie de s'emparer du village, arrêta le mouvement tournant. Les escadrons exécutèrent rapidement et sans désordre leur demi-tour par peloton, se lancèrent au galop vers le village de Coincy, vinrent mettre pied à terre derrière les maisons et allèrent au pas de course renforcer la ligne des tirailleurs formée par les deux premiers escadrons. Les chevaux haut-le-pied furent renvoyés près de la division.

Le feu devint alors très-vif. Le 4e dragons soutint seul pendant une demi-heure les efforts du bataillon ennemi, en attendant l'arrivée de deux compagnies de chasseurs à pied qui vinrent prolonger la droite de la ligne et aidèrent à continuer le combat jusqu'à la nuit.

Le but avait été atteint. Le bataillon prussien, fort d'environ 800 hommes, dut se retirer

sans avoir pu entrer dans le village. Avant
l'arrivée de notre infanterie, tandis que le
4° dragons luttait seul à pied, le général de
Clérembault voulut reprendre l'idée du mouvement tournant et lança deux escadrons à
cheval du 5° dragons, mais ils ne purent
charger, le passage étant rendu impraticable
par des haies et des jardins. Avec des hommes
à pied, le résultat aurait pu être tout autre.

La nuit tombée, le ralliement fut sonné pour
les dragons, et la division de cavalerie alla
camper près du village de Montoy.

Cet exemple, bien fait pour attirer l'attention, démontre tout le parti que l'on peut tirer
d'une cavalerie sachant combattre à pied et à
cheval. Il importait de s'emparer vite d'un
village, car le premier occupant pouvait faire
beaucoup de mal à l'adversaire. Notre infanterie étant trop éloignée pour arriver avant
celle de l'ennemi, l'opération était manquée
sans la cavalerie. Celle-ci restant seule à même
d'accomplir la mission, s'en charge, se lance
au galop, met pied à terre et empêche par son
feu l'infanterie ennemie d'entrer dans le village jusqu'à ce que la nôtre arrive. Si à cette

lutte de front on avait joint l'attaque à revers par des cavaliers à pied, ainsi que nous l'expliquons plus loin, le résultat aurait été complet.

Nous pourrions grossir à l'infini le nombre des exemples sur le combat à pied de la cavalerie, car la lecture de tous les auteurs, tant anciens que modernes, qui ont écrit sur ce sujet, nous a permis de collectionner d'innombrables faits à l'appui de notre thèse ; mais nous pensons en avoir cité suffisamment, dans l'exposé qui précède, pour être en droit de conclure que, à toutes les époques, les grands généraux ont compris l'importance et la nécessité d'exercer les cavaliers à combattre à pied.

Or, ces avantages, reconnus sérieux autrefois, ne peuvent actuellement que s'augmenter encore, puisque nous sommes dotés maintenant de cartouches métalliques et d'une arme à feu ayant une portée, une justesse et une rapidité de tir merveilleuses.

En conséquence, il est urgent de ne pas laisser dans le vague, ou à la fantaisie de chacun, les règles du combat à pied, et de préciser dans quelles circonstances, dans quelles pro-

portions et sous quelles formes il doit intervenir.

Loin de nous la pensée de vouloir assimiler
complétement le cavalier au fantassin, en lui
faisant exécuter les manœuvres de l'infanterie.
Chaque arme possède des qualités natives qui
font sa force et ne perdent jamais leurs droits.
Ceci est vrai surtout pour la cavalerie, qui
trouve dans le cheval un élément qui le rend
insaisissable. Il faudra donc en tenir grand
compte pour fixer les préceptes généraux qui
serviront de bases aux dispositions à prendre
dans le combat à pied.

Tenant à ne procéder que logiquement, nous
allons d'abord donner une esquisse des règlements parus à l'étranger sur cette question,
puis nous étudierons successivement cette
nouvelle tactique dans son rôle vis-à-vis de
l'infanterie, de l'artillerie et de la cavalerie.
Nous verrons ressortir ainsi ce qui convient le
mieux dans ces diverses circonstances, et par
déduction nous pourrons alors poser les règles
qui doivent nous régir.

TACTIQUE MODERNE
DU COMBAT A PIED
POUR LA CAVALERIE

CHAPITRE PREMIER

Analyses des théories étrangères sur le combat à pied (1).

RÈGLEMENT PRUSSIEN. — RÈGLEMENT ANGLAIS. — RÈGLEMENT AMÉRICAIN. — RÈGLEMENT ITALIEN. — RÈGLEMENT RUSSE.

RÈGLEMENT PRUSSIEN.

Partant de ce principe que la cavalerie ne serait plus à hauteur de sa mission, si elle ne savait pas combattre à pied avec facilité, la théorie allemande consacre quatre chapitres à cette nouvelle instruction.

Elle pose d'abord en principe que lorsque la cavalerie possède des carabines, le combat à

---

(1) Ces diverses analyses proviennent de traductions spéciales, et non d'emprunts faits à des publications déjà parues sur ces mêmes règlements.

pied lui permet de vider la question quand le combat à cheval est impossible, et la met à même d'entreprendre les expéditions les plus lointaines, en augmentant d'un côté sa force de résistance, de l'autre son offensive.

Ayant cité dans l'introduction les occasions principales qui amènent le combat à pied, nous ne les répétons pas ici, et nous passons à l'explication.

L'escadron est l'unité de combat et se divise en *partie combattant à pied, réserve à cheval, chevaux de main.*

Les tirailleurs forment, sous le commandement d'un officier, des pelotons divisés chacun en deux groupes, placés sous le commandement d'un sous officier.

Lorsqu'un escadron est employé tout entier au combat à pied, il n'y a pas de réserve à cheval, mais il faut toujours des patrouilles à cheval pour lui servir d'éclaireurs.

L'officier qui dirige le combat le fait par signe, à la voix ou au moyen du sifflet, rarement à la trompette, sauf pour sonner à cheval, et alors les chevaux de main viennent *toujours* à la rencontre des cavaliers à pied.

Les chevaux de main sont tenus par les cavaliers à cheval. Les nᵒˢ 1 et 2 mettent pied à terre ; les nᵒˢ 3 (division de 3 files) des deux rangs prennent les rênes des nᵒˢ 1 et 2. Pour une division de deux files (*l'abmarch*), les nᵒˢ 2 restent à cheval.

Suivant les circonstances, on forme derrière les tirailleurs un ou plusieurs groupes de soutien. C'est à l'officier dirigeant le combat de décider si le soutien est nécessaire ou si l'on se contentera de tirailleurs.

Les mouvements sur le terrain forcent souvent à des inversions dans les groupes de tirailleurs ; par suite, la surveillance des sous-officiers ne se limite pas uniquement à leur groupe. Les chefs de peloton et de groupe n'ont pas de places déterminées ; ils se rendent partout où leur présence est nécessaire.

Le feu est dirigé par les chefs de peloton, qui indiquent quand il faut prendre le feu de vitesse ou le feu ordinaire. Ils évitent le gaspillage des munitions.

Si, dans l'attaque, l'ennemi est rejeté, il faut fortifier la localité occupée, et, à l'abri de la position enlevée, le poursuivre de feux.

Dans la défense on doit, si on en a le temps et les moyens, fortifier les abris, barrer les chemins et placer des obstacles qui arrêteront l'ennemi sous le feu des tirailleurs.

Les chevaux de main exécutent leurs mouvements comme l'escadron à cheval. L'officier qui les commande suit les péripéties du combat et, à la sonnerie à cheval, vient rapidement au-devant des hommes à pied. On les place dans un endroit couvert, et ils sont protégés par une réserve à cheval.

Les prescriptions ci-dessus sont applicables à des troupes plus fortes que l'escadron, le régiment, la brigade, etc. Dans ce cas, les réserves à cheval sont plus nombreuses.

RÈGLEMENT ANGLAIS.

Comme le règlement allemand, il trouve que la carabine rayée donne une grande importance au combat à pied, qui doit être fréquemment pratiqué. Il en cite les occasions que nous avons données dans l'introduction.

On recommande de ne jamais mettre pied à

terre dans une position où les chevaux de main seraient exposés à un feu direct ; de le faire avec une extrême rapidité, sans s'occuper des détails, pour tâcher d'ouvrir le feu les premiers ; de laisser aux officiers et à la troupe une grande latitude pour exécuter les mouvements que leur suggèrent leur intelligence et leur initiative.

Les hommes à pied de l'escadron sont formés sur un rang et dirigés par le capitaine, qui met pied à terre et fait tenir son cheval par le serre-file d'escadron. Le lieutenant le plus ancien donne son cheval au serre-file de son peloton et veille à ce que les cavaliers prennent des abris convenables.

Le deuxième chef de peloton commande les hommes montés et les chevaux de main.

Les cavaliers sont exercés à se coucher, à se mettre à genoux, à se tenir debout, suivant les accidents du terrain, et à se mettre à couvert en avançant.

On ne fait pas de sonneries. Le capitaine commande à la voix, sauf pour monter à cheval.

Les feux sont dirigés par le chef de peloton,

qui indique le but et la distance. Le feu est toujours rapide.

Sur les routes, quand la cavalerie marche en colonne de route, dans le cas où il serait nécessaire de faire exécuter des feux en avant du front, les 2e, 3e et 4e escadrons mettent pied à terre, et les autres escadrons resteront à cheval.

Toutes les fois qu'une portion de régiment exécutera le combat à pied, on désignera deux serre-files pour porter au galop les ordres du commandant du régiment. Ils rejoindront leurs places en même temps que les hommes à pied.

Quand la fusillade ou la distance empêchent d'entendre, les officiers doivent souvent regarder l'officier commandant qui, par des mouvements de son sabre, peut indiquer dans quel sens on peut marcher.

Pour être à même d'exécuter le combat à pied dans toutes les positions, chaque cheval doit être dressé à se tenir tranquille à la détonation, tandis que son cavalier fait feu en se tenant à côté ou en avant de lui.

Les cavaliers mettent pied à terre à raison

de un par deux, d'après le principe suivant :
On observera comme une règle générale de
conserver dans le peloton ou l'escadron un
nombre d'hommes à cheval égal à celui des
hommes à pied, pour servir de soutien et de
garde aux chevaux de main. Ainsi, par exemple,
si une file met pied à terre, l'autre restera à
cheval, et ainsi de suite.

Dans le cas où il serait nécessaire d'attacher
les chevaux, pour permettre aux cavaliers de
manœuvrer à pied, ou pour d'autres motifs,
voici le moyen employé :

Les numéros pairs des deux rangs reculent
d'une longueur de cheval ; tous les cavaliers
mettent pied à terre, et les numéros pairs font
avancer leurs chevaux pour les remettre en
ligne. Chaque homme se porte un pas en avant,
fait demi-tour, détache la longe, la passe en
dessous entre les rênes ; et de la droite à la
gauche, chaque cavalier passe la longe entre
les rênes du cheval qui est à côté de lui (à
gauche), les repasse dans le collier de ce cheval
et en rattache l'extrémité au collier de son
propre cheval.

Si les hommes sont appelés à se porter en

avant, une garde suffisante sera toujours laissée pour tenir les chevaux.

Pour remonter, chaque homme défait sa longe, et, après l'avoir dégagée du collier du cheval voisin, la place autour de l'encolure de son cheval, du côté montoir, et la noue.

Les longes doivent être nouées de manière que la tête des chevaux, lorsqu'ils sont attachés, ne soit pas à plus d'un mètre. Le meilleur nœud pour attacher la longe à l'anneau du collier est celui que l'on désigne par le nom de *nœud de pêcheur*.

Par ce dernier procédé, on peut disposer d'un nombre d'hommes à pied considérable.

RÈGLEMENT AMÉRICAIN.

La cavalerie américaine est exercée à pied sur de larges bases. Son dispositif n'est pas le même que dans les armées européennes, car tous les mouvements se font sur un seul rang.

Les diverses subdivisions comprennent : Le peloton, — la compagnie, — le bataillon, — le régiment, — la brigade, — la division.

Peloton. — Le peloton est une subdivision de la compagnie. Il est formé sur un rang et se compose d'au moins trois rangs de quatre et pas plus de six (24 hommes). Avec son effectif maximum, il présente donc en ligne sur un rang un front double du nôtre.

Compagnie. — La compagnie est formée sur un rang et se divise en deux, trois ou quatre pelotons, suivant son effectif. Les chevaux ayant plus de taille sont placés au milieu. La compagnie est commandée par un capitaine.

Bataillon. — Le bataillon se compose ordinairement de quatre compagnies. Il peut être moins fort, mais aussi le nombre des compagnies peut s'élever à sept. Le bataillon est commandé par un officier supérieur.

Régiment. — Le régiment se compose de trois bataillons. Il peut en compter un plus grand nombre. Les mêmes règles s'appliquent également à plus ou moins de bataillons composés de plus ou moins de compagnies.

La brigade se compose de trois régiments.

Les formations, ruptures, déploiements, marches ont de l'analogie avec nos anciennes manœuvres, mais s'exécutent sur un rang.

Combat à pied. — La compagnie étant formée en bataille, sur un rang, le capitaine commandant désigne, avant de faire le commandement pour mettre pied à terre, une garde d'hommes montés pour rester avec les chevaux de main.

Au commandement *Pied à terre*, les officiers et la troupe descendent de cheval. Les nᵒˢ 4 de chaque rang de quatre sont chargés de tenir les chevaux des nᵒˢ 1, 2 et 3 et restent à cheval, ainsi que les cavaliers désignés comme garde des chevaux de main.

Au commandement : *Attachez les chevaux*, les nᵒˢ 1, 2 et 3 font face à droite, passent les rênes par-dessus la tête des chevaux, font encore un à-droite et tiennent les rênes avec la main gauche, les ongles en dessous à 16 centimètres du mors; la main droite tient l'extrémité des rênes, les ongles en dessus. Le nᵒ 3 passe alors les rênes au nᵒ 4, qui les tient dans la main droite, à 16 centimètres du mors, l'extrémité des rênes dans la main gauche. Les nᵒˢ 2 engagent les rênes dans la bride des chevaux des nᵒˢ 3, en passant l'extrémité des rênes, d'arrière en avant, dans les montants de la bride et du licol, et les attachant par un nœud coulant, de manière à laisser un pied d'intervalle entre la tête des chevaux. Les n°s 1 attachent de même aux chevaux n°s 2.

Le trompette prend les chevaux du capitaine, du guide principal et du trompette qui a mis pied à terre. Chaque chef de peloton donne son cheval au n° 4 de son premier rang de quatre.

Aussitôt que les chevaux sont attachés, les cavaliers se portent à 6 mètres en avant et se forment en bataille (au port d'armes).

La compagnie est également exercée à mettre pied à terre étant en colonne par quatre et à se former en bataille, soit en avant, soit à droite ou à gauche.

La compagnie ayant mis pied à terre pour combattre à pied, les chefs de peloton se placent à deux mètres en arrière du centre de leur peloton, les guides principaux servant de guides, et le capitaine fait exécuter tous les mouvements prescrits à l'école de compagnie à pied. Les n°s 3 servent de pivot à la place des n°s 4 absents.

Le chef de peloton traverse son peloton pour

se porter en avant ou en arrière, quand il le juge convenable.

Lorsque la compagnie doit être déployée en tirailleurs, le capitaine désigne d'abord la troupe qui doit servir de réserve.

Au commandement : *En tirailleurs, sur tel rang de quatre prenez les intervalles, marche !* le rang de quatre désigné se porte devant lui, les autres prennent 15 mètres d'intervalle, et le déploiement se fait sur le n° 3 de chaque rang.

La compagnie est de même déployée sur un des flancs.

La distance entre la ligne des tirailleurs et la réserve est habituellement de 150 mètres.

Le capitaine se tient à 80 mètres en arrière de la ligne des tirailleurs. Les chefs de peloton sont à 30 mètres en arrière de leurs pelotons ; les sous-officiers guides à 10 mètres en arrière du rang de quatre dont ils font partie.

Les chevaux de main et la troupe chargée de les garder sont placés hors du feu de l'ennemi.

En cas d'attaque par de la cavalerie, les tirailleurs sont ralliés par peloton et exécutent le feu à volonté.

Pour faire monter à cheval, le capitaine, après avoir rallié les pelotons, reconduit les hommes à pied vers les chevaux de main, ou bien il fait avancer les chevaux. Les cavaliers détachent leurs chevaux, passent les rênes pardessus l'encolure et montent à cheval.

Si le combat à pied devient nécessaire pendant que les cavaliers sont en tirailleurs, le capitaine fait sonner le ralliement par peloton. Chacun des chefs de peloton désignés fait mettre pied à terre et disperse son peloton en tirailleurs. Les chevaux de main sont, dans ce cas, conduits près de la réserve.

Lorsque l'importance du combat à pied nécessite l'emploi du bataillon, les réserves sont plus nombreuses. Avant de commencer le déploiement, le major commandant le bataillon désigne les compagnies qui doivent servir de réserve.

Il fixe aussi le nombre d'hommes de garde destinés aux chevaux de main.

Les principes généraux restent les mêmes. Les capitaines se portent vis-à-vis de l'emplacement qu'ils doivent occuper sur la ligne des tirailleurs et dispersent leurs hommes.

4.

Le major peut déployer une ou plusieurs compagnies pour combattre à pied. Les autres compagnies restent en colonne.

Ayant fait mettre pied à terre, étant en bataille ou en colonne par quatre, le major peut faire exécuter tous les mouvements nombreux de l'école de bataillon. Pour reformer le bataillon, il commande : *Sur telle compagnie, formez le bataillon, marche!* Le capitaine de la compagnie désignée la forme dans la direction fixée et reprend sa place au centre de la troupe. Les autres compagnies viennent successivement se former à droite et à gauche.

Pour mieux faire comprendre la disposition des diverses lignes du bataillon combattant à pied, nous allons figurer les positions des tirailleurs, des réserves de compagnie et de la réserve générale du bataillon.

Figure 3.

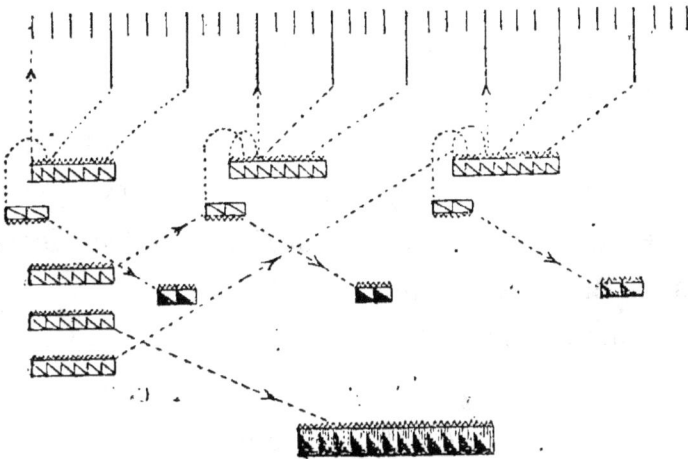

Les chevaux de main sont placés à l'abri derrière leurs compagnies ou conduits à la réserve du bataillon, suivant les ordres du major.

Pour augmenter l'intensité des feux et renforcer la ligne des tirailleurs, le major donne l'ordre aux capitaines des compagnies désignées comme réserves de se porter sur la ligne des tirailleurs. Chaque capitaine déploie sa compagnie sur le rang de quatre du centre et fait prendre le pas gymnastique.

Les réserves de compagnie sont déployées de même par ordre de leur capitaine. A l'arrivée de la réserve du bataillon, elles se portent en avant au pas gymnastique. Arrivées à hauteur des tirailleurs, elles s'arrêtent, ouvrent le feu et exécutent tous les mouvements des tirailleurs.

La ligne des tirailleurs, la ligne comprenant les réserves de compagnie et la réserve générale du bataillon, sont exercées à battre successivement en retraite.

Pour faire remonter le bataillon à cheval, le major fait sonner le ralliement. A ce signal, chaque capitaine rallie sa compagnie, la conduit aux chevaux de main, fait monter à cheval et reprend sa place de bataille derrière le major. Celui-ci peut également envoyer les chevaux de main aux tirailleurs.

Le combat à pied se fait dans un régiment suivant le même principe que pour le bataillon.

RÈGLEMENT ITALIEN.

Le règlement italien sur le combat à pied présente les considérations suivantes :

Considérations générales. — Lorsqu'une troupe de cavalerie se trouve, pour l'exécution d'un mouvement, privée du concours de l'infanterie, elle peut mettre pied à terre pour se donner ainsi une puissance offensive et défensive et agir comme si elle était soutenue par une véritable troupe à pied.

C'est dans ce but que la cavalerie a été armée du fusil.

Le chef devra choisir avec beaucoup de jugement la position la plus avantageuse, voir promptement le meilleur but à atteindre et le moyen d'y mener sa troupe le plus rapidement et le plus sûrement possible.

Le fusil pour la cavalerie ne sera employé qu'à pied et dans des cas spéciaux. Il sera inutile d'inculquer au cavalier toutes les qualités d'un bon soldat d'infanterie ; on cherchera seulement à en faire un bon tireur et à le mettre en état de se servir utilement de l'arme à longue portée qu'il a entre les mains.

Les régiments armés du fusil donneront au tir une importance particulière, afin de pouvoir, en cas de besoin, obtenir de l'armement tout l'avantage possible.

Les principes pour l'emploi à pied de la cavalerie sont les mêmes que ceux de l'infanterie combattant en ordre dispersé.

4.

L'instruction comprend :

Maniement du fusil à pied,
Maniement et emploi du fusil à cheval,
École de tirailleurs.

Maniement du fusil à pied et à cheval. — A cheval, le fusil est toujours porté au moyen d'un étui en cuir fixé, par des courroies, à droite et en arrière de la selle.

L'étui du fusil s'attache à la selle par le moyen de courroies et de crochets.

La bretelle de fusil sert pour assujettir le fusil et son étui. A pied, les deux extrémités de la bretelle sont fixées au fusil. A cheval, le fusil n'est soutenu que par une seule extrémité de la bretelle ; il est pendant.

Quand le cavalier selle son cheval, son dernier soin est de placer le fusil, de même qu'au moment de desseller son premier mouvement est d'enlever le fusil.

En principe, le cavalier ne doit pas tenir son arme à la main, mais s'il doit le faire, le fusil est placé à la position du repos, tenu par la main droite, soutenu sur l'avant-bras gauche.

Dans la position d'*attention*, le fusil est tenu

verticalement avec la main droite, la crosse sur le haut de la cuisse droite.

Dans le combat, si le cavalier n'a pas eu le temps de remettre le fusil dans l'étui, il peut, en le faisant passer sous son bras gauche, le laisser pendre le long du flanc du cheval.

Si, étant à cheval, le cavalier doit faire feu, il devra s'affermir en selle, pour donner à son tir plus de certitude et pouvoir résister aux défenses de sa monture. Il devra tenir les rênes flottantes dans la main gauche.

Pour faire feu en tenant le cheval à la main, le cavalier se tient à droite et en avant de la tête du cheval, les rênes de filet engagées dans le bras gauche.

Ecole de tirailleurs. — Pour la manœuvre de tirailleurs, les forces sont désignées par unité entière : Peloton, demi-escadron, escadron.

Le chef de la troupe désignée doit être au courant de la mission à remplir, afin de la mieux exécuter.

La troupe est ordinairement partagée en deux fractions principales : l'une formée de *tirailleurs* à pied, l'autre constituant le *soutien* à cheval.

La proportion de ces deux groupes varie selon les cas.

Pour un peloton qui doit agir seul, la moitié est à pied en tirailleurs ; l'autre moitié reste en soutien. Tout le peloton peut être appelé à mettre pied à terre.

Pour un demi-escadron, un peloton est en tirailleurs, l'autre en soutien.

Pour un ou plusieurs escadrons, la moitié ou au moins le quart de la force totale doit être laissé en soutien.

Quelques cavaliers (environ le quart de la troupe employée) restent à cheval pour tenir les chevaux haut-le-pied.

Quand une troupe doit mettre pied à terre en entier, son chef fait de même ; si elle est fractionnée, le chef reste à cheval avec le soutien.

Les ordres sont donnés à la voix ou par sonneries.

Des tirailleurs. — Les tirailleurs sont divisés en groupes (*squadriglia*) de 6 à 12 hommes, non compris le chef de groupe.

Chaque groupe a son chef de groupe (un sous-officier ou un caporal).

Les groupes se disposent les uns à côté des autres, de manière à former une chaîne.

Quand, pour un motif quelconque, tous les groupes ne peuvent se déployer, ceux qui ne sont pas en ligne se maintiennent à environ 100^m de la chaîne et forment un renfort à pied.

(Les distances indiquées dans cette instruction n'ont rien d'absolu ; elles sont données comme indication et dépendent des circonstances.)

Du soutien. — Le soutien, selon sa force, est commandé par un officier ou un sous-officier. Il n'a pas de place fixe, mais il doit se tenir à distance convenable pour intervenir dans l'attaque ou la retraite.

Des chevaux haut-le-pied. — Les cavaliers qui tiennent les chevaux haut-le-pied doivent se tenir à l'abri du feu ou d'une surprise, sans cependant être trop éloignés, pour que les chevaux puissent être remontés rapidement.

Quand les tirailleurs devront remonter à cheval et qu'il n'y aura pas de crainte de surprise, les chevaux haut-le-pied seront, sur l'ordre du chef, conduits sur la ligne des tirailleurs.

L'école des tirailleurs est divisée en :

Exercice de mettre pied à terre,

Exercice individuel,

Exercice de groupe,

Exercice de peloton,

Exercice d'escadron et de demi-escadron.

Exercice de mettre pied à terre. — Lorsqu'une unité de troupe aura reçu l'ordre de manœuvrer en tirailleurs, son chef la dirigera vers le point désigné. Selon le terrain, il disposera ses hommes sur une ligne, ou les laissera en colonne par quatre. — Les cavaliers devront se desserrer de manière à laisser mettre pied à terre aux hommes désignés.

Pour mettre pied à terre, le peloton est considéré comme formé de fractions de 4 files chacune.

Supposant que la force commandée pour combattre en tirailleurs soit un peloton de 12 files et qu'une fraction de 4 files soit désignée pour former le soutien, le chef commande : *Première et seconde* (ou *première et troisième*, ou *seconde et troisième*) *fractions de 4, pied à terre !*

Les cavaliers, qui font partie des fractions

désignées, excepté les n° 3 du premier et du second rang, font glisser le bouton coulant des rênes de bride jusqu'à l'encolure, de manière à donner un appui sensible du mors sur la bouche du cheval ; ils dégagent les rênes de filet de celles de la bride, détachent le fusil de la selle, et mettent pied à terre, tenant toujours le cheval par les rênes de filet qu'ils font passer par-dessus l'encolure.

Les cavaliers peuvent aussi descendre de cheval en passant la jambe gauche par-dessus l'encolure du cheval.

Le fusil étant fixé au côté droit de la selle, les cavaliers peuvent aussi, pour ne pas perdre de temps, descendre et remonter à cheval du côté droit.

Les cavaliers, aussitôt qu'ils ont mis pied à terre, décrochent le fusil de la selle, donnent au n° 3, resté à cheval, les rênes de filet de leur propre cheval, après les avoir fait sauter par-dessus l'encolure, et se réunissent à environ 20 pas en avant ou sur le flanc des chevaux du soutien. Ils reprennent les places qu'ils avaient lorsqu'ils étaient à cheval.

Pour se disperser sur un rang, les cavaliers

du 2ᵉ rang se placent à la gauche de leur chef de file.

Les cavaliers restés à cheval qui tiennent les chevaux haut-le-pied peuvent, à volonté, faire passer, les unes dans les autres, les rênes de filet des chevaux qu'ils ont à tenir de manière à n'avoir dans la main que les rênes d'un seul cheval.

Le gradé reste avec les chevaux haut-le-pied, les conduit, aussitôt le mouvement terminé, au point qui lui a été indiqué par le chef de peloton.

Si tout le peloton doit mettre pied à terre, aussitôt arrivé sur le point où le mouvement doit s'exécuter, le chef commande : « *Pied à terre !* »

Tous les cavaliers mettent pied à terre, à l'exception des nᵒˢ 3 de chaque rang et de chaque fraction de 4.

Quand plusieurs pelotons mettent pied à terre en même temps, chaque peloton fait comme il a été indiqué pour un seul.

Pour remonter, les tirailleurs détachent leurs chevaux, les séparent de l'intervalle strictement nécessaire pour pouvoir remonter, replacent le fusil dans l'étui, se mettent en selle et reprennent leur formation.

Dans certains cas, il peut être suffisant de ne mettre que peu d'hommes pied à terre. Les cavaliers désignés à cet effet s'écartent légèrement du peloton, et donnent leurs chevaux à leur voisin de rang.

Exercice individuel. — Un instructeur exerce de 6 à 12 hommes disposés (à pied) sur une seule ligne.

Avant de commencer l'instruction, on indique aux hommes la position supposée de l'ennemi; on les prévient que les indications d'avancer ou de reculer se rapportent à cette position, mais que droite et gauche n'indiqueront que la droite et la gauche de chaque homme, quelle que soit sa position.

L'allure employée sera le pas, mais on usera aussi du pas de course.

On apprend aux tirailleurs à profiter des obstacles du terrain.

Exercice de groupe. — Pour cet exercice, le groupe se compose de 6 à 12 cavaliers.

Le groupe étant sur un rang, pour faire

prendre les intervalles, le chef commande :

Ouvrez-vous à droite (ou *à gauche*)*!*

Le cavalier de gauche oblique du côté indiqué, de manière à faire prendre 3 pas d'intervalle.

Si les tirailleurs doivent se replier, ils se dirigeront vers les chevaux haut-le-pied.

Les feux s'exécutent toujours de pied ferme, sauf dans l'assaut ; ils commencent et cessent au commandement du chef de groupe, à moins d'un cas de défense personnelle ou s'il est nécessaire de donner l'alarme.

Au commandement *Feu!* les tireurs prendront la position la plus commode ; ils auront soin de bien viser, de tirer à bonne portée, et se régleront sur le chef de groupe, pour en recevoir l'indication de la distance.

Le chef de groupe pourra faire converger les feux sur un point déterminé, de manière à produire un meilleur effet.

Il est de principe de ne faire feu que de pied ferme. Si l'on avance ou si l'on tourne, on s'arrêtera pour tirer.

En présence de l'ennemi, tous les mouvements devront s'exécuter lestement.

Si le terrain est abrité, les hommes marcheront au pas ; s'il est découvert, ils prendront le pas de course.. Dans ce cas, le groupe devra se mouvoir par bonds successifs, parcourant 50 mètres ou plus à chaque bond.

Bien qu'il soit recommandé de ne tirer que de pied ferme, le chef peut, s'il est nécessaire, ordonner de faire feu en marchant ; mais il ne devra le faire qu'en présence d'une occasion propice.

Contre l'attaque de quelques cavaliers épars, le groupe devra se disperser et se défendre par le feu ou à la baïonnette.

Si les cavaliers qui attaquent sont assez nombreux pour que le chef de groupe se croie obligé de se défendre en ordre compacte, il fait rapidement reformer son groupe, sur une ligne, en demi-cercle ou en cercle ; l'essentiel est de réunir les hommes pour leur faire donner un feu concentré.

Le danger passé, le groupe se déploie de nouveau.

Devant la menace d'une attaque, le chef commande :

Attention pour l'attaque!

A ce commandement, les hommes mettront la baïonnette, continueront d'avancer s'ils sont en marche, ou feront feu s'ils sont en position.

On ne doit mettre la baïonnette qu'à 200 ou 300 mètres avant de s'élancer à l'assaut.

Au moment de l'assaut, à 100 mètres de l'ennemi, le chef commandera :

A la baïonnette !

Tous devront s'élancer, se resserrant sur le centre de la ligne, aux cris répétés de : *Savoie! Savoie !*

Ceux qui ont le fusil chargé tirent, mais sans ralentir leur course.

Le chef de groupe n'a pas de place déterminée ; il se tient de manière à diriger ses hommes le mieux possible.

Exercice de peloton. — *Un groupe en chaîne de tirailleurs, le reste en soutien.* — Le chef de peloton ayant désigné la fraction de 4 qui doit former le groupe qui va se déployer en tirailleurs, le fait avancer de quelques pas et lui fait mettre pied à terre.

Le commandement du soutien et le gradé qui conduit les chevaux de main se conforment aux principes précédents.

Deux groupes en chaîne de tirailleurs. — Les groupes sont espacés l'un de l'autre, ayant entre eux un intervalle égal au front d'un groupe déployé.

Les dimensions de ces intervalles peuvent être augmentés ou diminués.

Les groupes sont désignés par la place qu'ils occupent sur la ligne : groupe de droite ou groupe de gauche.

Un chef de groupe ne fait, de sa propre initiative, aucun commandement, à moins d'urgence évidente ; mais répète les commandements du chef de peloton en ce qui concerne son groupe. Il est responsable de la direction du feu de son groupe, et veille à rester en relation avec le groupe voisin.

Exercice de demi-escadron et d'escadron. — Mêmes règles, mêmes principes que pour les exercices de peloton.

A cheval le sabre est fixé au côté gauche de la selle, en arrière de la jambe, au moyen d'un crochet qui permet de mettre le sabre, tantôt au ceinturon, tantôt à la selle. Le crochet est une sorte de porte-mousqueton.

L'analyse qui précède prouve l'importance

que le règlement italien attache à la nécessité de placer le cavalier dans de très-bonnes conditions pour exécuter le combat à pied. Afin de rendre le cavalier plus agile et plus rapide, on l'exerce à remonter à cheval et à en descendre à droite et à gauche, en passant, dans ce dernier cas, la jambe gauche par-dessus l'encolure. Le sabre est laissé à la selle pour donner toute aisance dans les mouvements. L'emploi de la baïonnette est à signaler.

En résumé, le règlement italien exprime une idée bien nette, non-seulement de la défensive, mais encore de l'offensive, puisque au commandement du chef : *Attention pour l'attaque*, les hommes mettent la baïonnette à 200 ou 300 mètres avant de s'élancer à l'assaut ; et, au moment de l'assaut, à 100 mètres de l'ennemi, au commandement : *A la baïonnette*, tous doivent s'élancer aux cris de *Savoie ! Savoie !*

RÈGLEMENT RUSSE.

Les régiments de cavalerie russe destinés à combattre à pied et à cheval, sont exercés avec le plus grand soin aux divers mouvements que l'on exécute selon les principes de l'infanterie. Ils ont la baïonnette. Dans les revues devant l'Empereur, les dragons désignés pour combattre à pied défilent à pied. Les chevaux de main viennent ensuite.

La théorie russe contient les principes suivants :

L'escadron est composé de quatre pelotons ;

Le peloton est formé de seize files et se subdivise en deux pelotons ;

Le peloton peut n'avoir que huit files, mais ne peut dépasser seize files.

Pour l'exécution du combat à pied, il est de principe :

1° Qu'un demi-escadron peut mettre pied à terre la valeur d'un peloton ;

2° Qu'un escadron peut fournir la valeur de deux pelotons pied à terre.

L'officier qui commande l'escadron marche avec la troupe qui met pied à terre. L'officier qui vient après celui qui commande reste avec les chevaux de main.

Les cavaliers se comptent par trois.

Pour mettre pied à terre, le commandant de l'escadron donne son cheval à un sous-officier du flanc droit. Deux chefs de pelotons mettent pied à terre et donnent leurs chevaux aux cavaliers n° 3 du premier rang de la dernière section de leur peloton.

Mettent également pied à terre : — les sous-officiers d'encadrement de peloton ; celui de droite donne son cheval au cavalier n° 1 de la première section du premier rang ; celui de gauche au cavalier n° 3 du second rang de la dernière section ; — trois trompettes, qui donnent leurs chevaux aux cavaliers n° 1 du second rang de leur peloton.

Les cavaliers considérés comme les meilleurs soldats, les mieux montés (ce sont les *nayesed-niki*), ne mettent pas pied à terre pour le combat à pied ; ils constituent la troupe de soutien à cheval. Ils sont quatre par peloton : donc seize par escadron ; par conséquent, sur un escadron qui exécute le combat à pied, il y a un quart ou un peloton comme soutien à cheval.

Les nayesedniki vont se placer entre les chevaux de main et les petits pelotons à pied.

Les hommes à pied de chaque peloton à cheval se forment par peloton; c'est-à-dire que si tout l'escadron a mis pied à terre, il y a quatre petits pelotons à pied. Les petits pelotons à pied se subdivisent eux-mêmes en petits groupes de quatre, analogues aux *squadrigli* de la cavalerie italienne.

Dans chaque petit groupe de quatre, les hommes sont « camarades de guerre ». Ils doivent se prêter un mutuel appui : un d'eux devient chef de groupe.

S'il y a une file creuse, l'homme seul se place au dernier groupe de gauche. Les quatre pelotons à pied conserveront les numéros qu'ils avaient étant à cheval.

Si l'escadron était en bataille au moment de mettre pied à terre, les quatre pelotons à pied se forment aussi en bataille, conservant entre eux l'intervalle d'un demi-peloton.

Si l'escadron était en colonne par pelotons au moment de mettre pied à terre, les pelotons à pied se mettent dans le même ordre en co-

5.

lonne ; mais à la distance de deux pelotons de la tête de colonne.

Si le régiment était en colonne par escadrons, les hommes à pied se forment à la hauteur de leurs escadrons, à droite ou à gauche, selon le commandement.

Si le régiment marche en colonne par demi-pelotons, le commandement indique de quel côté doivent se porter les hommes à pied.

Mouvement de pied à terre.

Aux commandements de mettre pied à terre, les cavaliers remettent le sabre au fourreau (les cavaliers des régiments de la garde ôtent les gants).

Les hommes qui doivent descendre, se portent : ceux du 1er rang, à une demi-longueur en avant; ceux du 2e rang, à une demi-longueur en arrière, et donnent leurs chevaux à ceux qui doivent les tenir.

Les sous-officiers d'encadrement s'empressent de mettre pied à terre : ils vont en courant se placer sur la ligne que les hommes à pied doivent occuper. Ceux-ci, ayant quitté leurs chevaux, se portent en courant sur la ligne tracée par les sous-officiers, enlèvent le fusil qu'ils ont à la grenadière et placent la baïonnette. Le tir se fait avec la baïonnette. Dans chaque peloton à pied, les hommes se forment sur deux rangs.

L'officier, à droite du peloton ;

Le sous-officier de droite, entre les deux hommes de la file de droite ;

Le sous-officier de gauche, à la hauteur et à gauche du premier rang ;

Les serre-files et trompettes, derrière leurs pelotons.

Dispersion des tirailleurs.

La dispersion des tirailleurs se fait sur une sonnerie ou d'après un commandement.

Les tirailleurs se maintiennent sur deux rangs.

Les hommes du second rang, à proximité de leur chef de file.

Les officiers sont munis de sifflets.

Deux hommes sont spécialement attachés à la garde de chaque officier ; ils ont toujours les yeux sur lui et doivent lui porter secours et se tenir à sa disposition.

Les officiers se trouvent au centre de la ligne garnie par leurs pelotons : ils sont suivis d'un trompette.

Réserve des tirailleurs.

Si un peloton est déployé en tirailleurs, la réserve sera aussi d'un peloton. Cette réserve est formée sur deux rangs. La réserve sert de point de ralliement et de renfort dans le cas, par exemple, d'une attaque à l'arme blanche. Elle se maintient à une distance de la ligne qui n'est pas rigoureusement déterminée : sur le terrain d'exercice, cette distance est de 150 pas environ. La réserve doit se placer plus ou moins près de la ligne, selon qu'elle peut profiter d'un abri. Elle exécute ses mouvements au pas ou à la course, se réglant sur la ligne des tirailleurs.

Si aucun abri ne se présente, les hommes doivent se coucher à terre.

Des groupes de tirailleurs.

Le commandant indique à quelle distance les groupes de tirailleurs doivent se tenir les uns des autres. Ils se règlent de manière à conserver l'alignement ; mais dans un terrain coupé, ils doivent sacrifier l'alignement pour trouver un abri. Les hommes dans chaque groupe sont sur deux rangs.

Des feux.

Les commandements ou les signaux indiquent le commencement et la cessation du feu. Le signal de commencer le feu n'est donné que lorsque la ligne se trouve à bonne portée.

Les chefs de groupes observent de ne pas laisser les hommes tirer tous ensemble et veillent à empêcher le gaspillage des munitions. Les tireurs marchent en chargeant, mais doivent s'arrêter pour tirer ; s'ils sont en colonne, ils la quittent de quelques pas, font feu et reviennent reprendre leurs places.

En retraite, les hommes chargent en se retirant, s'arrêtent et font feu en se retournant.

Certains signaux de trompette préviennent la réserve de prendre part au tir par des feux de peloton, et de les exécuter indépendamment de ceux des tirailleurs. Dans le cas d'une attaque de la cavalerie, les groupes de tirailleurs se reforment (comme dans l'instruction italienne), pour résister au choc ; le danger passé, les groupes de quatre reprennent la ligne déployée.

Les chevaux de main doivent être tenus à l'abri du feu; derrière un obstacle autant que possible ; les mouvements qu'ils ont à exécuter se font par pelotons.

Quand les hommes à pied doivent remonter à cheval, les chevaux haut-le-pied sont conduits rapidement au-devant d'eux ; ceux-ci remettent la baïonnette et vont en courant rejoindre les chevaux.

Le régiment peut fournir plusieurs de ses escadrons pour le combat à pied. Ces escadrons se placent sur une ou plusieurs lignes et sont exercés selon les principes de l'infanterie.

La planche ci-dessous résume le dispositif des diverses lignes pendant le combat à pied.

Fig. 4. Reproduisant, d'après le texte, la valeur des diverses fractions de l'escadron pendant le combat à pied.

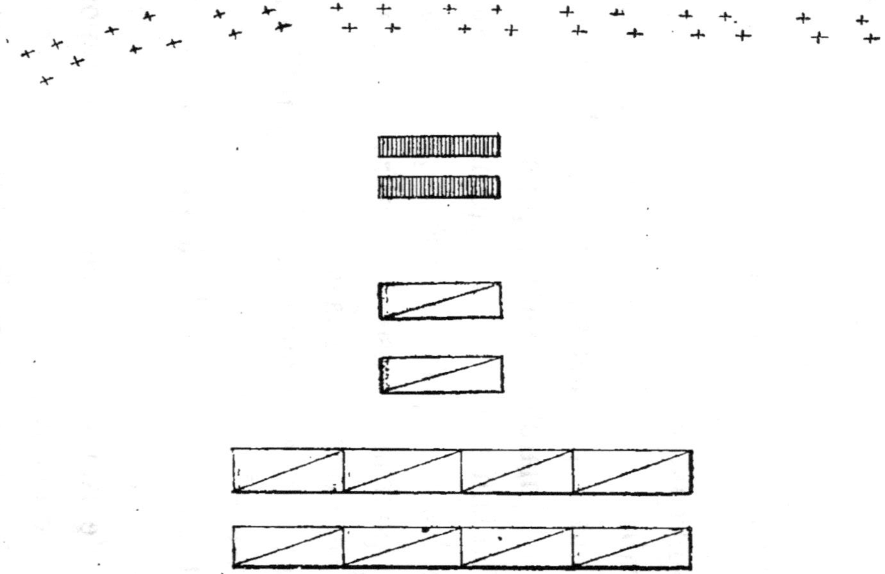

(d) Valeur : **1 peloton en tirailleurs.**

(c) Valeur : **1 peloton en réserve de tirailleurs.**

(b) Valeur : **1 peloton à cheval** (troupe de soutien).

(a) Chevaux haut-le-pied gardés par la valeur de 1 peloton.

(a) Chevaux de main, 4 pelotons de chevaux de 16 files (moins 16 nayersedniki) gardés par 48 hommes.
(b) 16 *nayersedniki* (1 peloton) ou troupe de soutien (4 hommes pris dans chaque peloton).
(c) 4 *peloton* à pied, réserve des tirailleurs.
(d) 1 *peloton* en tirailleurs.

CHAPITRE II.

Rôle de la cavalerie vis-à-vis des autres armes.

CAVALERIE A PIED CONTRE INFANTERIE. — CAVALERIE A PIED ET ARTILLERIE. — CAVALERIE A PIED CONTRE CAVALERIE A CHEVAL.

CAVALERIE A PIED CONTRE INFANTERIE.

Si l'on compare l'adresse du fantassin à celle du cavalier à pied, il faut évidemment reconnaître que le premier a l'avantage d'être mieux exercé à la marche et au tir, qui sont ses exercices fondamentaux, et il saura mieux profiter de tous les accidents de terrain pour l'attaque comme pour la défense. A nombre égal, l'infériorité sera donc pour la cavalerie.

Dans quelle proportion cette infériorité existe-t-elle?

C'est un point difficile à préciser, et nous ne pouvons mieux faire que de répéter ici l'opinion de Napoléon Ier, écrite à tête reposée dans ses Mémoires.

« Trois mille hommes de cavalerie légère ou

trois mille cuirassiers ne doivent pas se laisser
arrêter par mille hommes d'infanterie postés
dans un bois ou dans un terrain impraticable à
la cavalerie. — Trois mille dragons ne doivent
pas hésiter à attaquer deux mille hommes d'infanterie qui, favorisés par leur position, voudraient les arrêter. »

Cette donnée s'applique, comme on le voit,
à une cavalerie à pied marchant à découvert
contre une infanterie embusquée. Mais il importe de faire remarquer que c'est la situation
la plus mauvaise qui puisse se présenter pour
la cavalerie. Elle ne peut faire usage que du
fusil, puisque le terrain ne lui permet pas d'employer le cheval. Donc, un seul élément de
puissance au lieu de deux. En thèse générale,
les circonstances seront moins désavanta-
geuses, car dans presque toutes les petites opérations de la guerre, le cheval peut intervenir
dans de certaines limites. Alors la question
change, et les chances favorables lui reviennent.

Pour nous mieux faire comprendre, voici,
en quelques mots, l'esquisse de l'action générale d'une cavalerie habile à pied et à cheval.

Grâce à la vitesse de ses chevaux, la cavalerie doit être insaisissable ; sa rapidité lui permet de se rendre à volonté visible ou invisible. Elle est donc par excellence l'arme de l'indépendance et de l'initiative. Comme elle l'entend, comme elle le veut, toujours elle reste maîtresse de cesser une attaque pour se porter promptement ailleurs et recommencer la lutte sur un point où personne ne l'attendait.

C'est une puissance que celle donnée ainsi par le cheval, et l'effet en est indiscutable.

Quant aux feux, la cavalerie ne pouvant prétendre à posséder la même résistance que l'infanterie, ne devra pas la heurter de front ; mais, semblable à l'oiseau qui voltige, elle échappera, choisira ses points favorables, s'abritera pour lancer une pluie de balles, et, au lieu d'attendre la riposte, s'envolera sur son cheval pour aller plus loin, et sans cesse recommencer la même action.

Par ce fait alternatif du fusil qui frappe et du cheval qui permet d'échapper, la puissance de la cavalerie devient terrible. Bien employée, elle finira, comme dans la fable du lion et du moucheron, par épuiser, en le harcelant, un ennemi qui lui est de beaucoup supérieur et qui la briserait si elle restait exposée à ses coups.

Un régiment de cavalerie peut mettre en ligne 350 fusils tirant une moyenne de cinq coups par minute. Une semblable intervention inattendue est faite, ce nous semble, pour produire un résultat avec des hommes bien postés. Or, en tout pays, on peut affirmer que sur une certaine étendue ces positions abritées seront faciles à trouver, pour être à même de harceler, d'arrêter, ou tout au moins de ralentir la marche d'une infanterie ennemie s'avançant à découvert.

L'emploi bien combiné du feu et du cheval peut constituer, dans l'avenir, une de nos grandes forces. Précédemment, nous avons démontré que le fusil devait donner des ailes au cheval, en permettant au cavalier de l'employer jusqu'à son dernier souffle, puisqu'il lui restait alors la puissance du feu. A son tour, le cheval rend terrible l'arme à feu, en portant rapidement sur un point inattendu et abrité le cavalier qui vise à coup sûr et disparaît ensuite.

Ce double facteur doit entrer sans cesse en

ligne de compte ; on ne saurait trop insister sur cet aperçu.

Paraître inopinément, — produire son maximum d'effet, — disparaître subitement, — comme un feu électrique, — telle est la maxime qu'il faut inscrire au frontispice de la théorie du combat à pied moderne dans la cavalerie.

Cette intervention heureuse du cheval doit s'affirmer dans les petites opérations de la guerre; attaque ou défense des bois, des villages, des ponts, des défilés, etc.

C'est encore et toujours par l'emploi combiné du feu et du cheval que la cavalerie pourra exécuter à pied, sans trop de désavantages, ces diverses missions.

Choisissons un exemple :

Un régiment de cavalerie a l'ordre de défendre un gros village qui est une clef de position.

Le régiment sera divisé en deux fractions; l'une (la plus forte) sera chargée à pied d'organiser la défense du village suivant les règles ordinaires; l'autre, à cheval, devra tenir la campagne et se maintenir en dehors du cercle d'attaque décrit par l'ennemi. Le rôle de cette fraction sera de prendre à dos les diverses lignes, à cheval si l'occasion est propice, ou à pied si le terrain est plus favorable.

N'est-il pas évident que l'assaillant, pris ainsi entre deux feux, deviendra indécis et préoccupé. Les soutiens seront forcés de se retourner, ne pouvant plus renforcer la chaîne, et on ne saurait nier qu'une cavalerie employée de la sorte serait plus que gênante.

Cette fraction de cavaliers qui est en dehors du cercle devra, comme nous l'avons indiqué, paraître et disparaître fréquemment pour répéter l'attaque et dérouter les combinaisons des réserves.

Ce que nous venons de dire pour un village s'applique aux bois, aux défilés, etc. Toujours même principe : cavaliers divisés en deux fractions; l'une tenant tête de front par le fusil, l'autre tournant au loin grâce au cheval et attaquant à revers.

Il est encore un avantage que la cavalerie possède sur l'infanterie dans ses engagements contre celle-ci, et il est bon d'en tenir compte pour diminuer la disproportion des forces.

Etre couvert au loin, avoir sans interruption des nouvelles sur la direction suivie par l'ennemi, sur son arrivée, sur sa concentration et sur les points préalables d'attaque, c'est se donner des avantages si les renseignements sont exacts et prompts. Ce service, difficile pour l'infanterie, est un jeu pour la cavalerie, qui comptera cet appoint en sa faveur. Il devra donc être organisé dans toutes les opérations qui exigeront le combat à pied, et il sera tendu autour de la troupe un rideau de surveillance formé de patrouilles à cheval. Elles iront au contact de l'ennemi et préviendront de tous ses mouvements.

Les considérations générales que nous venons d'exposer sommairement nous semblent suffisantes pour faire comprendre le rôle de la cavalerie à pied contre l'infanterie.

Du parallèle établi entre les deux armes, nous pouvons déjà déduire un principe pour le dispositif à adopter.

Nous pensons avoir démontré que le caractère distinctif de la cavalerie consiste, à pied comme à cheval, dans l'offensive. Il faut lui laisser cette qualité, en lui répétant que le principe généralement admis *qu'il y a avantage à attaquer le premier* est surtout vrai pour elle. Le dispositif à lui donner pour le combat à pied doit dès lors en tenir compte et différer de celui de l'infanterie, qui est soumis à d'autres conditions.

En effet, l'infanterie représente la ténacité, la résistance, la nécessité de se défendre et de lutter pied à pied pour se maintenir le plus longtemps possible et ne se retirer qu'à la dernière extrémité. Par suite, la formation en profondeur ou de résistance lui est naturelle, et le règlement a indiqué pour le bataillon en première ligne 4 échelons successifs : 1º Chaîne de tirailleurs, 2º renfort, 3º soutien, 4º réserve.

La cavalerie à pied serait malhabile à soutenir la lutte et à se cramponner pas à pas comme l'infanterie. Donc, la formation, de résistance, ou en profondeur, ne lui est pas aussi nécessaire; il lui faudra moins d'échelons successifs et, par suite, leur maniement sera simple et facile. Les règles de détail seront données ultérieurement.

CAVALERIE A PIED ET ARTILLERIE.

On a reconnu de tout temps le grand parti qu'on pouvait tirer des mouvements combinés de l'artillerie et de la cavalerie.

L'artillerie, si puissante par elle-même, ne peut ni s'éclairer ni couvrir sa marche, à moins d'abandonner ses pièces. Il lui faut donc un soutien pour la défendre. C'est à la cavalerie que reviendra souvent ce rôle protecteur, car lorsque l'artillerie aura été lancée au loin pour exécuter un mouvement tournant et désorganiser l'ennemi en le prenant en flanc ou à dos, l'infanterie n'aurait pas assez de vitesse pour suivre les batteries.

L'étude de la fatale journée de Sedan donne une preuve frappante du parti qu'on peut tirer de l'union des deux armes.

Le colonel des hussards prussiens qui est venu prendre possession de la place de Sedan nous a dit que pendant plusieurs heures, et jusqu'à l'arrivée de l'infanterie qui n'avait pu suivre, les 200 pièces de canon qui nous avaient foudroyés étaient restées sous la seule

protection de son régiment. Devant cette res-
ponsabilité écrasante, sa perplexité avait été
grande, puisqu'il n'avait pas une force suffisante pour lutter. Aussi, pour nous dérouter,
nous faire croire à la présence de troupes considérables comme soutien, il avait promené
son régiment sur les différentes crêtes, mon-
trant ainsi un peu partout une ligne de cavaliers qui se déroulait en se prolongeant au loin.

Cet exemple de l'appui donné par la cavalerie est concluant (en admettant un soutien
suffisant, condition qui n'existait pas dans le
fait ci-dessus).

A son tour, l'artillerie peut seule, en de
nombreuses circonstances, servir de soutien
à la cavalerie. Dans les opérations à grandes
distances, les divisions chargées de couvrir le
pays entre la frontière et les points de concentration, auront souvent à lutter contre un ennemi qui leur opposera du canon, et, sans le
secours de leur artillerie, elles seraient sans
cesse arrêtées dans leur mission.

Ces deux armes se complètent donc l'une
par l'autre, et leur union intime est plus nécessaire que jamais.

6

Pour que l'artillerie et la cavalerie puissent se porter un mutuel secours, il leur faut une égale mobilité. Ces deux armes pourront-elles constamment se suivre et marcher à la même vitesse? Plusieurs écrivains prétendent que dans des terrains accidentés l'artillerie ruinerait ses chevaux en voulant accompagner la cavalerie.

Pensant le contraire, nous croyons utile de justifier notre appréciation par quelques considérations sur la remonte, le travail, le fond et la vitesse des deux catégories de chevaux.

Remonte. — Le cheval d'artillerie est plus facile à trouver en tous temps que celui de la cavalerie. L'amélioration des routes, l'usage de plus en plus répandu des voitures à quatre roues, le besoin de gagner du temps par une augmentation de vitesse, ont fait abandonner le cheval de gros trait pour le remplacer par un cheval plus léger et plus apte au trot. En outre, le goût du jour se prononce plus en faveur de l'usage des voitures que du cheval de selle. La production et le commerce se conforment à ces besoins. Par suite, le cheval de trait abonde, tandis que le cheval de selle est des plus difficiles à trouver. Cette différence sensible en temps de paix s'accentuera bien autrement en temps de guerre. Les réquisitions fournissent facilement les chevaux nécessaires au trait, tandis que le cheval de selle sera introuvable. Dès lors, on arrive à cette conclusion : que l'artillerie pouvant remplacer ses chevaux sera tenue à les moins ménager, tandis que la cavalerie fatiguée fondra peu à peu et ne devra pas compter sur le renouvellement de son effectif.

Donc, au point de vue de la remonte, l'avantage est incontestablement pour l'artillerie.

Travail. — L'artillerie manœuvre, ainsi que la cavalerie, au pas, au trot et au galop. Pour établir un parallèle entre les deux armes, il convient de les étudier au point de vue du fond et de la vitesse.

Par fond, nous entendons, pour la cavalerie et l'artillerie, la possibilité de fournir de longues marches. Ces grands parcours ne peuvent s'exécuter que par la combinaison du pas et du trot, qui sont précisément les allures spéciales et natives de l'attelage. Nous disons natives, parce qu'il n'en est pas de même pour la selle, où l'usage du trot est moderne. Il ne s'est généralisé que depuis une centaine d'années. Les anciens ne se servant pas d'étriers, trouvaient le trot très-pénible, et ils n'employaient le cheval qu'au pas, à l'amble et au galop. Il en a été de même pendant le moyen âge. L'amble était réservé pour le voyage. C'est une allure très-douce qui permettait d'accomplir sans fatigue d'énormes trajets. Ces chevaux, connus sous le nom de *bidets d'allure*, pouvaient fournir jusqu'à 25 lieues par jour.

L'usage des voitures, de plus en plus répandu, fit chercher une allure mieux appropriée au tirage. Le pas était trop lent, le galop trop fatigant par ses secousses, l'amble impossible à cause du balancement du cheval, qui se serait jeté, tantôt sur le trait, tantôt sur le timon, sans s'accorder jamais avec son voisin. Il fallut donc recourir à l'allure du trot, qui ne présentait aucun de ces inconvénients et réalisait toutes les conditions désirées en donnant de l'harmonie à l'attelage.

La combinaison du pas et du trot donne donc, pour l'artillerie comme pour la cavalerie, la facilité de se porter aux grandes distances.

Comparant la fatigue qui en résulte pour chaque arme, nous n'hésitons pas à dire que le cheval de selle portant le poids énorme fixé dans la cavalerie, se fatiguera beaucoup plus au pas et au trot qu'un cheval d'artillerie traînant le poids réglementaire.

Citons, en effet, le travail fourni à la voiture par le cheval de service et de commerce :

Pas. — En Angleterre, dans les grandes exploitations, les chevaux travaillent au pas, dix, douze et même quatorze heures par jour, et restent en bon état.

Le travail journalier du cheval de charroi est, presqu'en tous pays, de dix heures, et en traînant des charges considérables qui atteignent parfois 1,800 kilogrammes, sans compter le poids de la charrette.

Le cheval de labour travaille, en moyenne, neuf heures par jour.

Trot. — Pour les allures plus rapides, des expériences indéfiniment répétées constatent la supériorité de l'attelage sur la selle. Dans presque tous les pays où l'on s'applique à développer le trot, en Hollande, en Russie, en Amérique, les épreuves se font à la voiture, et tous

6.

les connaisseurs approuvent cette mesure. Pour
ne pas prolonger cet examen, nous ne donnerons pas le détail de ces grands parcours ; nous
dirons seulement que toutes les épreuves faites
à la selle et à la voiture démontrent que le cheval attelé est moins gêné qu'à la selle, et qu'en
somme il va plus loin.

Ce principe est exact, qu'il s'agisse de vitesse ou d'un service lourd.

Les chevaux d'omnibus en donnent la preuve.
Ils durent autant que ceux de la cavalerie et
cependant ils ont à tirer une voiture déjà
lourde, plus 28 personnes, et à tout instant il
faut arrêter et repartir en démarrant cet énorme
poids.

Par rapport à l'attelage, le cheval de cavalerie est condamné à une fatigue plus grande,
par suite du poids énorme qu'il porte. On
exige de lui une allure souvent rapide, et il est
bien plus chargé que le mulet qui ne va qu'au
pas. L'influence du poids sur le fond du cheval
de cavalerie est considérable. Dans notre *Étude
sur le fond et la vitesse d'une troupe en campagne*,
nous avons démontré que les chevaux chargés
éprouvent en trottant une fatigue comparable à

celle résultant du même parcours fait au galop avec une faible charge ; c'est dire l'influence écrasante du poids sur le fond du cheval de selle.

En résumé, pour des parcours faits sur une route solide, au pas et au trot, par les deux armes, la fatigue sera plutôt moindre pour l'artillerie à cheval. Il est vrai qu'on monte un cheval sur deux, mais il n'est pas chargé comme celui de cavalerie, et quand il est fatigué on peut le mettre en sous-verge.

On a objecté que dans les champs détrempés par de longues pluies, la cavalerie se tirera toujours d'affaire, tandis que l'artillerie s'embourbera. D'abord, si le terrain est défoncé, la cavalerie y sera annulée, puisqu'elle ne pourrait charger pour protéger les pièces. Ensuite, nous ferons remarquer que nous parlons seulement de l'artillerie à cheval, dont le calibre est léger, et il est naturel d'admettre que le 5 actuel ou le 80 (pièce de l'avenir) sera toujours arraché d'un mauvais pas par 6 chevaux.

Galop. — Quant à l'emploi du galop, il y a une différence entre les deux armes.

L'artillerie doit connaître cette allure pour

se porter promptement sur un point éloigné,
mais elle n'est jamais appelée à charger l'ennemi ; par conséquent, la suprême vitesse ne
lui est pas nécessaire, tandis qu'elle est indispensable à la cavalerie. Il semblerait dès lors
que les chevaux n'ayant pas la même rapidité,
parfois l'union des deux armes cessera d'exister, quand il s'agira de se porter vivement en
avant ; mais il n'en est rien. En effet, si l'artillerie reçoit l'ordre d'aller promptement se mettre en batterie, elle peut dès le départ donner
toute sa vitesse, car une fois en position, ces
attelages reprendront haleine et recouvreront
leurs forces en quelques minutes. Par contre, le
rôle protecteur de la cavalerie ne commencera
que lorsque l'artillerie sera en batterie ; c'est
alors qu'elle devra être à même de se lancer
à la charge pour repousser une attaque.

Elle observera donc de partir avec une vitesse
modérée, sous peine d'être épuisée quand il faudra produire son plus grand effet ; aussi, malgré
la supériorité du galop de ses chevaux, elle
aura déjà fort à faire pour suivre l'artillerie,
qui dès le départ prendra toute sa vitesse.

En résumé, on peut dire que la cavalerie et

l'artillerie sont placées dans des conditions analogues de vitesse et de fond lorsque les circonstances sont normales, c'est-à-dire quand le terrain n'est pas entièrement défoncé et qu'à la fin du même parcours, la fatigue sera à peu près équivalente pour les deux armes.

Indiquons maintenant comment la cavalerie se disposera pour servir de soutien à l'artillerie.

Dispositif du soutien. — Nous poserons comme principe qu'une troupe à cheval doit principalement compter sur le combat à pied pour défendre des pièces. Si la troupe est nombreuse, elle conservera une fraction à cheval ; sinon, elle mettra tout entière pied à terre.

Il est facile de démontrer qu'en dehors de ce mode l'issue deviendra fatale. Supposons deux escadrons désignés pour défendre une ou deux batteries. Si l'ennemi oppose trois escadrons, il dispersera le soutien et prendra les pièces. Si, au contraire, un escadron et demi avait mis pied à terre, ce qui donne 150 carabines, en prenant la base généralement admise que 25 fantassins bien postés ne craindront pas 100 chevaux, le soutien aurait pu lutter contre cinq ou six escadrons.

Pour mieux faire ressortir le danger qui résulte pour l'artillerie d'être défendue seulement par une troupe à cheval, nous émettrons la réflexion suivante :

Quand le soutien est à cheval, sa mission protectrice comporte, pour lutter, la charge contre la cavalerie ennemie qui vient à l'attaque. Si cette cavalerie est intelligente, elle forcera le soutien à se replier en avant des pièces, et celles-ci seront obligées de cesser leur feu pour ne pas frapper en même temps amis et ennemis qui se battent pêle-mêle. Par suite, le canon ne tire plus, le soutien est parti, et la batterie est à la merci de la moindre réserve à cheval qui viendra la prendre en flanc ou à revers.

Donc, il faut poser comme principe que si la cavalerie, qui attaque de l'artillerie, doit le faire à cheval et au sabre, par contre, pour éviter une surprise ou une fausse attaque, la cavalerie qui défend de l'artillerie, ne pouvant quitter les pièces, est forcée de mettre pied à terre pour résister si la cavalerie, qui sert de soutien, est nombreuse, un régiment, par exemple, deux escadrons seront à pied et les deux autres à cheval. Mais si elle ne se compose que d'un ou deux escadrons, tous les cavaliers devront descendre de cheval, et par leurs feux exécutés sur l'ennemi, tant à l'aller qu'au retour, ils obtiendront un résultat très-meurtrier.

Traitant plus loin du combat à pied et des chevaux de main, nous esquisserons seulement ici le rôle du soutien.

Les hommes à pied se placeront sur le flanc le plus exposé et en arrière du front. Ils occuperont les couverts rapprochés des pièces, pour empêcher les tirailleurs ennemis de venir s'y loger.

Quand les éclaireurs à cheval viendront prévenir de la cavalerie ennemie, les hommes à pied se porteront du côté menacé en mettant immédiatement en ligne le plus de carabines possible. Si leur feu ne pouvait arrêter l'ennemi (hypothèse peu probable), ils se placeraient derrière les roues des pièces et des avant-trains pour tirer à coup sûr. La charge repoussée, ils poursuivront l'adversaire de leurs feux.

Les chevaux de main et le soutien à cheval seront placés derrière des abris ou des plis de

terrain. Dès que les feux auront dispersé l'ennemi, le soutien à cheval le chargera et se lan-
cera à sa poursuite.

Quand le sol est mouvementé, nous avons
fait l'essai d'une formation qui nous semble
avantageuse pour un soutien chargé de défendre à pied de l'artillerie. Étant donnés deux
escadrons, le dispositif sera le suivant :

Chaque escadron formerait, avec ses deux
rangs de chevaux de main, la moitié d'un carré.
Les chevaux auraient la croupe en dehors, et
ceux qui les tiennent (à pied) seraient abrités,
puisqu'ils se trouveraient à l'intérieur du carré.
On se placerait au pied d'un pli de terrain,
laissant en avant un espace découvert. Si les
patrouilles d'observation préviennent qu'une
attaque de cavalerie très-nombreuse va se
produire, les hommes à pied viennent se poster
à la crête pour faire feu quand la charge arrive
de front, puis se replient vite dans le carré, où
ils continueront à tirer sur l'ennemi qui sera
réduit à l'impuissance.

Une troupe à pied relativement faible serait
à même ainsi de lutter contre une troupe à cheval très-nombreuse, car celle-ci aura à subir le

feu non-seulement quand elle arrive et quand elle s'en va, mais encore pendant qu'elle tourne autour du but, et cela sans pouvoir riposter, puisqu'elle combat à l'arme blanche contre un ennemi armé d'une carabine de précision, et placé dans une sorte de redoute où on ne peut l'atteindre.

Dans les retraites, le combat à pied est également appelé à jouer un rôle important. L'artillerie, chargée d'arrêter la poursuite, se retirant habituellement par échelon pour gagner rapidement en arrière les positions favorables à son tir, a surtout à craindre la cavalerie ennemie. Quand le soutien à cheval est peu considérable, c'est à pied, par le feu, qu'il brisera l'attaque ennemie, remplaçant ainsi l'infanterie, qui n'aurait pas assez de vitesse pour suivre les mouvements rétrogrades des batteries.

La conséquence d'une adoption plus franche du combat à pied serait d'augmenter l'approvisionnement des cartouches, qui devrait être par cavalier de 60 à 70. Par suite, la batterie d'artillerie attachée à une division de cavalerie indépendante devrait avoir

7

un caisson à munitions en sus des voitures actuelles.

CAVALERIE A PIED CONTRE CAVALERIE A CHEVAL.

Une cavalerie inférieure en nombre à celle de l'adversaire ne doit point pour cela renoncer à la lutte. Intelligemment menée, elle pourra, dans de nombreuses circonstances, rétablir l'équilibre en employant le combat à pied.

En voici quelques exemples :

Une cavalerie traversant un défilé ou un bois est prévenue par des éclaireurs qu'elle trouvera, en débouchant, une plaine où elle est attendue par l'ennemi, prêt à la charger. Dans ces conditions, il lui est impossible de lutter d'abord à cheval, puisqu'en arrivant, suivant la largeur des chemins, par 2 ou par 4, ou au plus par peloton, elle verra toutes ses fractions successivement dispersées avant d'avoir fourni un front suffisamment résistant. N'étant pas à même, au début, de remplir à cheval sa mis-

sion, elle devra donc faire intervenir le combat
à pied. En mettant vivement une centaine de
carabines en ligne, elle forcera la cavalerie
ennemie à se déplacer; les abords des débou-
chés seront déblayés par ce feu protecteur, les
hommes à pied flanqueront la ligne au fur et à
mesure de la formation, et le déploiement à
cheval deviendra possible. Alors les combattants à pied remonteront rapidement à cheval,
pour appuyer comme réserve les combattants à
cheval.

Sur un terrain accidenté, coupé d'obstacles
forçant de marcher en colonne, une troupe relativement faible d'hommes à pied sera des
plus gênantes pour une cavalerie même nombreuse. Ces hommes à pied, bien embusqués,
commenceront par jeter bas les éclaireurs à
cheval de l'ennemi, empêcheront le service des
renseignements, rendront la colonne indécise,
et ralentiront sa marche tout en lui faisant subir des pertes.

De même au passage d'un pont, d'une digue,
d'un défilé quelconque, des hommes à pied
bien disposés, empêcheront facilement, par des
feux de front et de flanc, le passage de toute

cavalerie qui ne riposterait pas d'une manière analogue.

Donc, il faut forcément en arriver au combat à pied.

Cantonnements. — Pour la garde de leurs cantonnements, les cavaliers à pied seront également appelés à jouer un rôle important. Ce service peut être assuré avec peu de monde. On est surtout exposé, la nuit, à des surprises de cavalerie qui viendront moins pour une attaque sérieuse que pour jeter l'inquiétude, harceler, faire prendre les armes, afin de fatiguer et de tenir tout le monde sur pied. Deux cavaliers à cheval, lancés au loin sur chaque route, suffisent pour représenter le service d'avant-postes, car il s'agit non de lutter, mais de prévenir à temps. Quant à la sécurité du village, elle sera assurée de la façon suivante :

Supposons un régiment de cavalerie devant cantonner dans un village comprenant généralement deux rues principales en croix.

Un poste sera placé au centre comme réserve. Chaque escadron occupera un des quatre secteurs, et le peloton placé dans les maisons situées à l'extrémité des rues du côté de la campagne barrera le passage et aura un factionnaire sous les armes. Sauf les factionnaires, tout le régiment se reposera.

Une vedette vient-elle annoncer que l'ennemi arrive, le factionnaire avertit le peloton dont il fait partie, et celui-ci seul prend ses carabines. Cette démonstration suffira habituellement pour répondre à la menace.

Dans le cas exceptionnel, et presque inadmissible, où le village serait envahi malgré les obstacles placés à l'entrée des rues, chaque cavalier prendrait son arme, sans sortir des maisons, ferait feu par les fenêtres, et fusillerait l'ennemi à cheval, qui ne pourrait lui riposter.

Cette façon de se garder est applicable à une troupe plus ou moins nombreuse, cantonnée dans un village ayant plus ou moins de rues.

Dans les divers exemples que nous venons de citer, le maniement des hommes à pied est très-simple et très-facile. L'important est de mettre en ligne le plus de carabines possible pour surprendre l'ennemi, et briser sa marche par un feu vif et partant de points abrités.

Nous terminerons ces considérations par une remarque qui a son poids.

Dans la dernière guerre, on peut poser d'une manière générale que l'infanterie a, par son feu, sans changer de position, arrêté l'élan de la cavalerie. Évidemment le cavalier à pied n'a pas la souplesse du fantassin, mais il a sur lui l'avantage indiscutable, pour résister à une charge de cavalerie, d'être calme vis-à-vis des chevaux, et de ne pas s'effrayer de leur approche. Son service l'appelle sans cesse à courir après des chevaux lâchés, à être frôlé par eux quand ils sont ainsi lancés au galop, à se jeter au milieu d'eux quand ils se battent. Or, dans les régiments montés en chevaux entiers, chacun sait si ces luttes sont intimidantes. Ce maniement habituel de l'animal rendra donc très-calme le cavalier à pied quand il sera chargé par l'ennemi. Ces qualités n'existent pas au même titre chez le fantassin. Si le cavalier à pied lui est inférieur comme souplesse, il lui est supérieur par son calme. Il sera donc dans d'excellentes conditions pour employer son arme à feu avec justesse contre la cavalerie.

Après avoir exposé le rôle de la cavalerie à

pied dans ses diverses missions vis-à-vis des autres armes, il importe de fixer les règles suivant lesquelles le combat doit être mené dans les différentes circonstances. Nous allons successivement les discuter.

———

CHAPITRE III.

Principes et formations de la cavalerie
pour le combat à pied.

———

La cavalerie à pied doit évidemment être maniée suivant des règles conformes aux propriétés et aux exigences de l'arme. Les principes à adopter vont ressortir de l'étude du front d'action, de l'unité de combat, du nombre d'échelons qu'elle peut fournir, de leur distance, et de leur jeu successif ou simultané. Pour obtenir un résultat sérieux par le feu, il faut pouvoir mettre en ligne un nombre convenable de carabines. Le peloton donnant une force trop faible pour conduire une action avec quelque chance de succès, l'escadron sera considéré comme l'unité de combat.

Front d'action. — Il est fixé par le nombre de carabines qu'un escadron peut mettre en ligne, multiplié par l'intervalle qui sépare les cavaliers.

Cherchons ces chiffres :

Nombre de carabines par escadron.

Effectif total des hommes.	156
A déduire, comme armés du revolver, 6 officiers, 9 sous-officiers, 4 trompettes, 3 maréchaux. .	22
Total des cavaliers ayant la carabine.	134
Après quelques jours de marche, comptons un quart de non-valeur.	33
Reste.	101
A déduire les cavaliers tenant les chevaux de main (de 10 à 20, suivant le cas) en moyenne.	15
Nombre de carabines à mettre en ligne.	86

Donc, on peut compter, sans déception, sur un minimum de 80 carabines.

Intervalles entre les cavaliers. — Le règlement d'infanterie admet qu'un homme par mètre sur la ligne de feu, au moment décisif, constitue le *maximum* de densité. Le règlement anglais, pour le combat à pied de la cavalerie, admet 2 mètres entre les hommes. Le chiffre intermédiaire de $1^m,50$ nous semble préférable pour le cavalier, qui, ayant moins que le fantassin l'habitude du maniement de l'arme, a besoin de plus d'intervalle.

D'où $80 \times 1^m,50 = 120^m$, qui représenteront le front d'action d'un escadron.

7.

Cette base est très-acceptable, parce qu'elle donne au feu une bonne intensité, laisse de l'aisance aux cavaliers, et permet au capitaine d'exercer son commandement avec autorité.

Nombre des échelons. — Leur distance. — Il existe une assez grande analogie entre certaines unités de l'infanterie et de la cavalerie, et leur assimilation approximative peut se classer ainsi.

Le régiment de cavalerie correspondrait au bataillon d'infanterie.

L'escadron de cavalerie correspondrait à la compagnie.

Le peloton de cavalerie correspondrait à la section.

De plus, les deux armes ont certaines exigences communes, entre autres celle de ne pas exposer sans nécessité aux feux de l'ennemi les troupes qui sont en première ligne. Par suite, pour arriver à fixer logiquement les règles qui doivent régir le combat à pied de la cavalerie, il nous semble intéressant d'esquisser auparavant les bases qui ont été adoptées pour l'infanterie.

Le règlement français admet qu'il est préférable d'établir d'abord la formation fondamentale du bataillon plutôt que de commencer par celle de la compagnie, parce que l'étude de la formation de combat du bataillon a l'avantage de faire ressortir le rôle important de la compagnie.

« Le bataillon en première ligne est disposé en quatre échelons : tirailleurs, — renforts, — soutiens, — réserves.

« Ces divers échelons se succèdent, les derniers se rapprochant des premiers et les remplaçant au fur et à mesure jusqu'au moment où tous viennent prendre part au combat. »

La disposition des divers échelons et la détermination approximative de leurs distances entre eux, en supposant l'ennemi à une distance donnée, sont fixées par les raisons ci-après :

« La distance des renforts (2e échelon) à la ligne des tirailleurs se détermine d'après les prescriptions du *Manuel de tir*, sur l'étendue des zones dangereuses.

« Afin de fixer les idées, on peut supposer les tirailleurs du bataillon arrivés à 400 mètres de ceux de l'ennemi, dont le feu, à cette distance, sans avoir toute sa puissance décisive, possède déjà une efficacité considérable.

« En prenant le cas le plus défavorable, le terrain uni, on peut se rendre compte que les renforts, si on les place à 150 mètres des tirailleurs, seront en dehors de la zone dangereuse et même à l'abri d'une partie des ricochets. Cette distance, du reste, n'est point exagérée, car elle peut être franchie en moins d'une minute et demie par les renforts, lorsque ceux-ci devront se porter sur la chaîne ; d'un autre côté, si elle était dépassée, les tirailleurs seraient un peu en l'air et sans appui immédiat. »

L'emplacement des soutiens se déterminera d'après les considérations suivantes :

« Les soutiens, destinés à relier les renforts et la réserve, doivent être non-seulement hors de portée du feu dirigé contre les échelons qui les précèdent, mais encore à l'abri des effets efficaces de celui qui leur serait spécialement destiné.

« D'autre part, ils doivent se trouver à une distance de la ligne de feu, telle qu'ils puissent arriver en temps opportun pour lui donner une impulsion énergique et enlever l'attaque.

« Or, d'après les résultats de l'expérience,

il semble que des troupes ne peuvent, à bonne distance et à découvert, exécuter et surtout supporter de pied ferme un feu rapide pendant plus de trois ou quatre minutes ; après ce court délai, elles sont entraînées en avant ou forcées de battre en retraite.

« Pour que l'arrivée des soutiens coïncide avec cette phase du combat, leur emplacement sera déterminé d'après la distance qu'ils peuvent parcourir en moins de quatre minutes à une allure rapide.

« Ces conditions seront remplies, si on les place au début à égale distance des échelons extrêmes, c'est-à-dire à 500ᵐ de la chaîne et de la réserve.

« La réserve doit être à l'abri du feu de la mousqueterie et même du feu de l'artillerie. Il semble donc utile de maintenir cette réserve pendant la première période de l'engagement, à 2,000 mètres environ de l'artillerie ennemie (limite de l'emploi efficace des obus à balles).

« A 1,000 mètres, le feu des tirailleurs fera subir à l'artillerie ennemie des pertes sensibles ; on peut donc admettre qu'à moins de circonstances exceptionnelles, elle ne s'en rapprochera pas davantage. Cette considération conduit à placer la réserve du bataillon à 1,000 mètres environ de la chaîne, afin qu'elle se trouve à la distance de 2,000 mètres indiquée ci-dessus. Pour ne point augmenter les difficultés de direction en profondeur et ne pas compromettre l'appui moral que les échelons doivent se prêter les uns aux autres, il faut considérer cette distance comme un maximum absolu qu'on ne doit jamais dépasser et qui convient surtout au début de l'action. »

En résumé, les échelons sont au nombre de quatre, séparés par les intervalles suivants, fixés d'une façon approximative :

Des tirailleurs aux tirailleurs ennemis. . . . 400 mètres.
Des tirailleurs aux renforts.. . . . . 150 —
Des renforts aux soutiens.. . . . . 350 —
Des soutiens aux réserves. . . . . 500 —

Les considérations qui précèdent ne peuvent être entièrement applicables à la cavalerie, qui doit conserver son caractère particulier dans l'offensive comme dans la défensive. Pour faire bien comprendre l'ensemble du système que nous développons, nous allons suivre pas à pas la formation de combat d'un régiment de cavalerie en première ligne, étude de laquelle découlera le rôle de l'escadron et du peloton en fixant successivement le nombre des échelons et leur distance.

Voici la donnée :

Un régiment marchant sur une route (par quatre, ou en colonne avec distance) reçoit l'ordre de s'emparer d'une position importante à occuper.

Nombre des échelons. — Leur jeu. — Leur distance. — Le premier soin du chef doit être de lancer son service de sûreté. Nécessaire en toute occasion, l'importance de ce service s'affirme surtout pour une troupe appelée à combattre à pied. On comprend aisément que, prévenue à temps, elle pourra agir suivant les circonstances, restant maîtresse, soit de continuer la lutte si elle ne craint pas une contre-attaque trop forte, soit de l'abandonner pour remonter à cheval et disparaître si on lui annonce l'arrivée de troupes très-supérieures en nombre. Dès lors, il faut poser comme un principe constant, immuable et vital, que toute cavalerie à pied commencera par établir autour d'elle un cordon de patrouilles à cheval la tenant sans cesse au courant des faits et gestes de l'ennemi.

Exposons comment le régiment va se mouvoir dans ce cercle protecteur tracé autour de lui.

Le commandant du régiment ayant tout intérêt à se rendre promptement sur le terrain d'action, forme sa troupe en ligne de colonnes, et marche aux allures rapides tant qu'il est en dehors du rayon du feu. Arrivé à ce point, il arrête le régiment, et, après être allé reconnaître la position, il lui fait prendre la formation suivante.

Nombre des échelons. — Trois escadrons mettent pied à terre, et tous les chevaux sont conduits en arrière pour être abrités autant que possible. Ils sont sous la protection du 4e escadron.

Deux des escadrons à pied, commandés par leur chef d'escadrons, sont envoyés en avant pour former la ligne de combat. Le 3e reste avec le colonel, comme réserve. Le 2e chef d'escadrons est avec les chevaux de main du régiment et assure le service des patrouilles à cheval.

Les deux escadrons, lancés en avant pour être accolés, se dirigent vers l'objectif indiqué, et chacun d'eux est divisé en deux lignes.

La première ligne (1er échelon) est composée de deux pelotons destinés à former la chaîne des tirailleurs. Chacun d'eux est précédé de deux éclaireurs choisis parmi les bons tireurs.

La seconde ligne (2e échelon) forme le soutien. Elle est également composée de deux pelotons, chacun d'eux placé derrière celui de la 1re ligne avec lequel il forme division.

Le 3e escadron (3e échelon) forme la réserve.

Les hommes marchent groupés par peloton, tant que le feu de l'ennemi n'est pas gênant. Quand il le devient, les éclaireurs ouvrent le feu, et la 1re ligne se déploie en chaîne de tirailleurs.

Jeu des échelons. — 1er Échelon. — Chaîne de tirailleurs. — La grande portée, la justesse et la rapidité de tir des nouvelles armes à feu forcent non-seulement à engager le combat de plus loin, mais à s'avancer peu à peu en tâtant le terrain. Comme on n'est pas sûr de la résistance qu'on rencontrera, il serait dangereux de lancer d'abord une chaîne trop fournie; il suffira donc d'envoyer par escadron deux pelotons sur le front à occuper.

Pour former la chaîne, les chefs de peloton indiquent à la file du centre le point sur lequel elle doit marcher et commandent : *En tirailleurs !* Les cavaliers se dispersent par file dans la direction donnée, en portant l'arme à volonté et prennent six pas d'intervalle d'une file à l'autre. On les porte en avant, en arrière, à droite, à gauche; on fait resserrer ou ouvrir les intervalles, en évitant les sonneries, sauf pour rallier ou monter à cheval. Les gradés se servent du sifflet pour attirer l'attention des hommes et leur indiquer alors les mouvements à exécuter, soit à la voix, soit par signes.

Dans la marche en avant, les pelotons sont précédés par deux cavaliers, qui les éclairent et indiquent les meilleurs abris. Les instructeurs s'attacheront à bien faire comprendre aux cavaliers la nécessité vitale pour eux de profiter de tous les accidents de terrain, de tous les abris qu'ils rencontreront pour se dérober à la vue et aux coups de l'ennemi. Ils doivent pouvoir tirer debout, à genou ou couchés, puis enfin savoir se porter vivement en avant en se défilant le mieux possible derrière les divers abris.

Ces leçons, montrées d'abord homme par homme, s'exécutent ensuite par groupe de 5 ou 6 cavaliers, pour leur apprendre à marcher ensemble tout en profitant des accidents du sol.

Les feux seront dirigés par les officiers. L'important est de bien viser; aussi, pour éviter la précipitation et le gaspillage, les gradés régleront la hausse, indiqueront le but à atteindre, le nombre de cartouches à brûler, et si le tir est rapide ou à volonté, c'est-à-dire lent.

Les cavaliers ne doivent pas tirer en marchant, mais s'arrêter, s'abriter, puis faire feu en prenant un point d'appui pour mieux ajuster.

Les tirailleurs se rallieront à leur chef de peloton quand le signal sera donné.

2e Échelon. — Soutien. — Il a pour but de renforcer la chaîne des tirailleurs à mesure que le feu ennemi augmente de densité et qu'on approche du moment décisif. Il se compose de deux pelotons, chacun d'eux devant se fondre dans celui de la 1re ligne, avec lequel il forme division.

Le soutien, conduit par le capitaine, est soumis pour la marche, pour le choix des abris, pour la nécessité de profiter de tous les accidents de terrain, aux exigences indiquées ci-dessus pour les tirailleurs. Par conséquent, il s'agenouille, se couche ou reste debout, suivant la configuration du sol.

Le capitaine commandant fait renforcer la chaîne en puisant, suivant les besoins, dans les pelotons du soutien. A mesure qu'on approche de l'objectif, les bouts successifs sont de moins en moins longs, et on se loge près de l'ennemi le plus possible, en s'abritant derrière tous les obstacles ou plis de terrain. Au moment de l'attaque définitive, ce qui reste de la 2e ligne est lancé dans la première pour enlever et entraîner avec énergie toute la ligne de combat. A la sonnerie du ralliement, chaque peloton se forme près de son chef.

3e Échelon. — Réserve. — Le 3e escadron, qui est en réserve, a pour mission d'empêcher les premiers échelons d'être pris à revers, de les protéger contre une attaque de flanc et d'exécuter même un mouvement tournant. Il suit les autres lignes pendant leur marche, pour être prêt à les appuyer. Il doit également profiter de tous les couverts pour s'abriter. Comme il est plus éloigné du feu, il pourra rester en colonne avec distance, de manière à faire face rapidement, à droite ou à gauche, pour parer aux attaques de flanc.

Quand le régiment est appuyé en arrière par le 2ᵉ régiment de la brigade, comme celui-ci pourra garder les chevaux de main, le 4ᵉ escadron deviendra disponible comme réserve, ce qui permettra, suivant les circonstances, d'engager en 1ʳᵉ ligne le 3ᵉ escadron, soit pour renforcer, soit pour prolonger la ligne de feu.

Si, au lieu de deux escadrons accolés, on en lance un seul en avant, il conservera néanmoins le même dispositif composé de deux lignes : 1º chaîne de tirailleurs; 2º soutien.

Intervalles entre les échelons. — Nous avons donné précédemment les raisons qui ont déterminé la fixation approximative des intervalles, pour l'infanterie, entre les divers échelons, savoir : 150 mètres des tirailleurs aux renforts, 350 mètres des renforts aux soutiens et 500 mètres des soutiens aux réserves.

Nous pensons pouvoir poser comme principe que, dans le combat à pied de la cavalerie, les intervalles doivent être moins grands. La situation n'est pas, en effet, la même pour les deux armes. L'infanterie doit fixer des règles pour se battre en tout terrain, qu'il soit uni ou mouvementé, et, par conséquent, tenir grand compte de la portée extrême de projectiles. La cavalerie, au contraire, n'engagera habituellement le combat à pied que dans des positions favorables, c'est-à-dire quand elle trouvera des couverts pour se masquer, ainsi que ses chevaux. Dans ces conditions, la fixation des distances entre les échelons n'est pas très-pratique. L'essentiel pour elle sera de se dérober à la vue; par suite, le soutien sera souvent plus à son aise à 50 pas qu'à 150.

Les règles précises que l'on voudrait poser seraient sans cesse démenties. Ainsi, la limite d'un tir efficace d'artillerie varie avec les circonstances. Si un objet est éclairé par devant ou se détache à l'horizon, les limites d'un bon tir peuvent dépasser 3,000 mètres, tandis que ces limites ne sont peut-être pas de 2,000 mètres s'il est éclairé par derrière ou s'il se projette sur un sol gris.

Dès lors, nous trouvons sage d'établir pour la distance entre les échelons, non des chiffres, mais le principe suivant :

Le combat à pied de la cavalerie doit être le plus ramassé possible. En conséquence, les échelons se rapprocheront toujours tant qu'ils le pourront, du moment qu'ils seront masqués.

Telles sont les bases générales que nous indiquons pour le mamiement du peloton, de l'escadron et du régiment combattant à pied. Elles se résument ainsi :

L'ordre d'attaque étant reçu, lancer le service de sûreté pour avoir des nouvelles de l'ennemi.

Prendre la formation la plus mobile pour se transporter à cheval promptement sur le terrain d'action.

Arrivé à la zone du feu, le chef de la troupe fait mettre pied à terre, renvoie en arrière tous les chevaux pour être abrités et va reconnaître la position.

A son retour, il forme les échelons.

L'escadron ou les escadrons combattant à pied forment deux échelons : 1° chaîne de tirailleurs ; 2° soutien. Chaque échelon se compose de deux pelotons placés chacun derrière celui de la 1re ligne avec lequel il forme division, pour donner plus de cohésion aux unités qui se renforcent.

Le régiment isolé forme trois échelons : les deux premiers, composés des deux escadrons accolés ; le troisième, de l'escadron en réserve. Le 4e escadron est avec les chevaux de main.

Le régiment, appuyé en arrière par un autre régiment, ne forme également que trois échelons, mais renforcés de l'escadron qui n'a plus à garder les chevaux de main.

Défensive. — Les dispositifs indiqués ci-dessus concernent l'offensive ; ils doivent recevoir quelques modifications pour la défensive.

Plus que jamais le service de sûreté doit être bien fait, pour qu'on soit renseigné à l'avance sur la force de l'ennemi, la direction suivie par lui et le point préalable d'attaque.

Dans la défensive, la ligne de combat étant

sur la ligne de défense, il importe de la garnir de feux le plus possible ; d'où il suit que la plus grande partie de la troupe sera en 1re ligne. Le soutien, qui sera environ du quart de l'effectif, cherchera à s'abriter, en restant près des tirailleurs, de manière à être fondu rapidement avec eux au moment où l'ennemi prononcera son effort décisif. Dans la défensive surtout, nous ne saurions trop rappeler que la puissance de la cavalerie consiste dans l'emploi combiné du cheval et du feu, et que pendant que les combattants à pied luttent par le feu, une fraction à cheval doit veiller aux menaces de flanc, et venir prendre l'ennemi à dos pour attaquer les réserves soit à cheval, soit à pied avec la carabine.

Dans un régiment, par exemple, chargé de la défense d'une localité, trois escadrons résisteraient par le feu, tandis que le quatrième tiendrait la campagne pour venir harceler et forcer à se retourner l'ennemi qui attaque de front.

En dehors des lignes de combat, la cavalerie se trouve avoir ses chevaux de main, groupe gênant, difficile à manier, et offrant une im-

8

portance vitale, puisque sans les chevaux, plus
de cavalerie. Cette question capitale demandant
à être traitée avec soin et en grand détail, nous
lui consacrons un chapitre spécial.

CHAPITRE IV.

Chevaux de main.

***

Les chevaux de main, voilà l'écueil et la suprême difficulté du combat à pied ! Celui qui trouverait le moyen de supprimer les impedimenta inhérents à cet échelon, rendrait la cavalerie non pas l'égale, mais la reine des autres armes. C'est donc vers ce but que devraient tendre tous les efforts, et l'on reste surpris, quand on lit tout ce qui a été écrit sur le combat à pied, de voir que le sujet si important des chevaux de main est à peine ébauché. La question est, il est vrai, complexe, ardue, presque décourageante ; raison de plus pour l'approfondir, la fouiller, la retourner dans tous les sens, car c'est la seule manière d'arriver en connaissance de cause, sinon à la solution complète du problème, du moins à l'atténuation sensible des nombreux inconvénients.

Procédés pour tenir les chevaux de main, pour les attacher entre eux. — *Manière de les garder soit à pied, soit à cheval.* — *Dispositif à donner aux réserves.* — Telles sont les considérations que nous allons exposer pour arriver à déduire de l'étude du passé et du présent le système qu'il conviendrait d'adopter à l'avenir.

Sous Alexandre le Grand, les chevaux de main étaient tenus en arrière par des valets à cheval qui ne combattaient point.

Les chevaliers romains agissaient de même, en faisant tenir leurs chevaux par des esclaves. Ordinairement les chevaux étaient emmenés au loin, pour ôter aux cavaliers la pensée de fuir. L'examen des divers ouvrages qui parlent de la période grecque et romaine tend à prouver que les chevaux de main n'étaient pas attachés les uns aux autres, mais tenus séparément par des hommes soit à pied, soit à cheval.

Les Germains, qui étaient très-exercés à combattre à pied, dressaient leurs chevaux à rester en place lorsqu'ils descendaient. Ceux-ci étaient habitués, comme chez les Arabes, à ne pas bouger quand les rênes étaient passées par-dessus l'encolure.

Sous Charles VII, les argoulets, quand ils mettaient pied à terre pour combattre, attachaient leurs chevaux à la selle du page de l'homme d'armes sous lequel ils servaient.

En 1544, les arquebusiers à cheval portaient des cordes et des chaînes ; et quand ils devaient se battre à pied, ils enchaînaient leurs chevaux sur un rang, comme une haie.

Bardin fournit des renseignements sur la méthode des dragons pour attacher les chevaux. Au début, suivant Jacques Valhausen, les chevaux étaient liés les uns aux autres par la bride passée autour du col de leurs voisins ; cette méthode, qui laissait beaucoup à désirer, fut vite abandonnée et l'on adopta le système suivant.

Originairement, la bride des chevaux de dragons n'avait rien de particulier, mais on sentit le besoin de la modifier pour faciliter le combat à pied. Il fut ajouté à la têtière, du côté du montoir, une longe terminée par un crochet ; un anneau était fixé du côté hors montoir. En mettant pied à terre pour combattre, chaque dragon attachait sa longe à la bride du cheval voisin. Les chevaux ainsi attachés étaient main-

8.

tenus en respect par un dragon resté à cheval,
à droite et à gauche du rang.—Un officier était
chargé de la conduite des chevaux de main.
(BARDIN).

L'étude attentive des nombreux ouvrages des
xvii⁰ et xviii⁰ siècles, qui ont traité des services
que peuvent rendre les cavaliers ayant mis pied
à terre pour combattre, fournit des indications
bien curieuses, et même bien surprenantes, sur
les chevaux de main. En voyant parfois ces
masses de chevaux confiés à la garde d'un très-
petit nombre d'hommes, on serait tenté de
croire, sinon à une fable, du moins à des pro-
jets fantaisistes émis par les auteurs. Mais le
doute cesse, tout en laissant l'esprit étonné,
quand on compare les écrits de cette époque.
Non-seulement ils reproduisent des idées sem-
blables, mais pour mieux les faire comprendre
et ôter toute indécision, ils appuient ces thèses
par des gravures explicatives. Ces planches,
minutieuses de détails, sont destinées avec grand
soin, et en les comparant, on les trouve en con-
cordance, ce qui prouve qu'elles traduisent la
vérité.

Pendant ces périodes, le principe général

était d'attacher les chevaux de main les uns aux autres, afin de les faire garder par un très-petit nombre de cavaliers, ce qui permettait de porter à son maximum l'effectif des combattants à pied. Le nombre des rangs et celui des chevaux par rang variaient suivant les circonstances.

En voici plusieurs exemples :

Le premier est pris dans l'ouvrage : *L'Esercito della cavaleria, dedicato Ferdinando II* (1628).

Un dessin montre 2 rangs de chevaux et 13 chevaux à chaque rang.

Les cavaliers des ailes de chaque rang sont cheval, tous les chevaux sont liés les uns aux autres.

1er EXEMPLE.

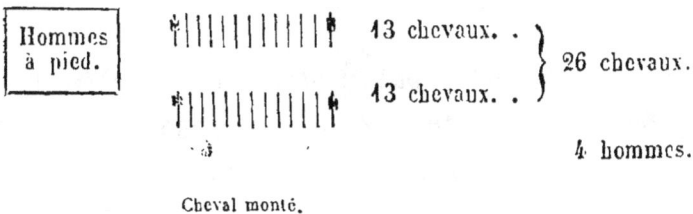

Cheval monté.

Dans le livre : *De militia equestri antiqua et nova ad regnum Philippeum IV* (1630), nous retrouvons les mêmes dispositions que ci-dessus pour assujettir les chevaux ; mais le nombre

des rangs et des chevaux est encore plus considérable

2ᵉ EXEMPLE.

Trois rangs de chevaux, 15 chevaux à chaque rang.

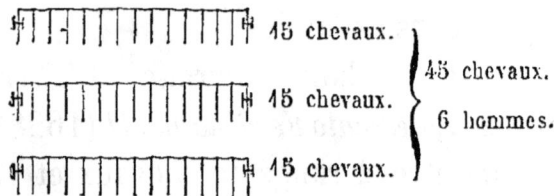

Les chevaux des ailes de chaque rang sont
montés, et les chevaux du rang leur sont attachés.

Total : 45 chevaux, tenus par 6 hommes à
cheval.

3ᶜ EXEMPLE.

Les cavaliers *Mousquetarii* et *Pequarii*, qui
ont mis pied à terre, sont représentés à une
trentaine de pas en avant des chevaux et serrés
en une masse compacte ; quant aux chevaux,
ils sont divisés en 3 groupes.

Le groupe du centre est formé de 10 rangs,
10 chevaux à chaque rang.

Les deux autres groupes, qui encadrent ce-

lui du centre, sont de 50 chevaux sur 10 rangs
de profondeur et 5 de front.

Ces 200 chevaux sont confiés à la garde de
5 hommes.

Ces 5 hommes à pied sont placés : 1 derrière
le centre du dernier rang du groupe du milieu,
et les 4 autres à la hauteur des premiers et

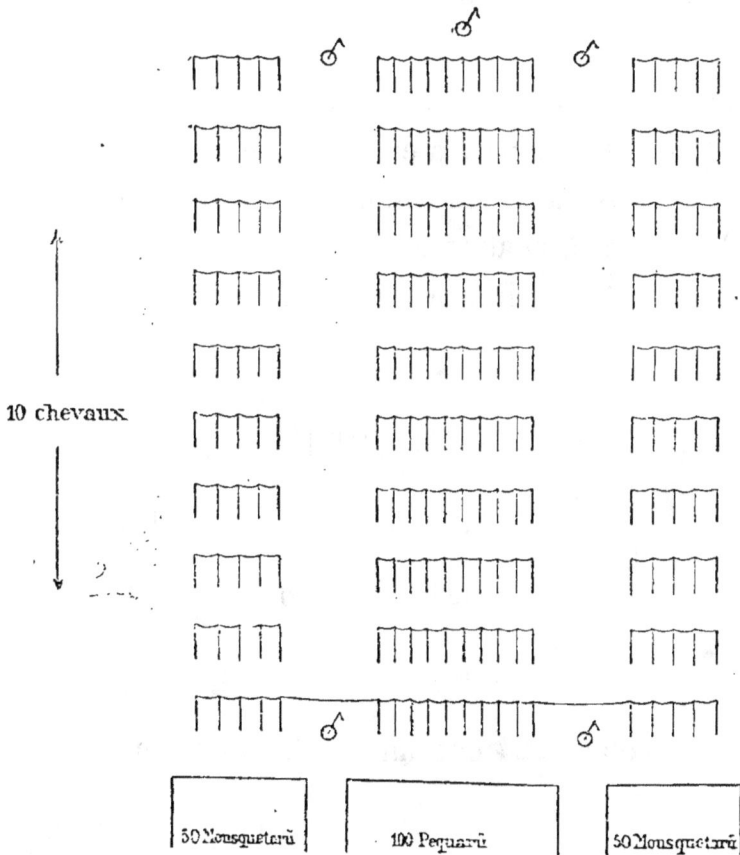

10 chevaux

derniers rangs, au milieu des deux intervalles laissés entre les 3 groupes.

Total : **200 chevaux**, tenus par 5 hommes à pied.

4ᶜ EXEMPLE.

La proportion du nombre de rangs et du nombre de chevaux est parfois plus considérable :

    4 rangs de chevaux,
31 chevaux à chaque rang ;
    5 cavaliers à pied les surveillent,
    1 à chaque angle,
    1 derrière le centre du dernier rang.

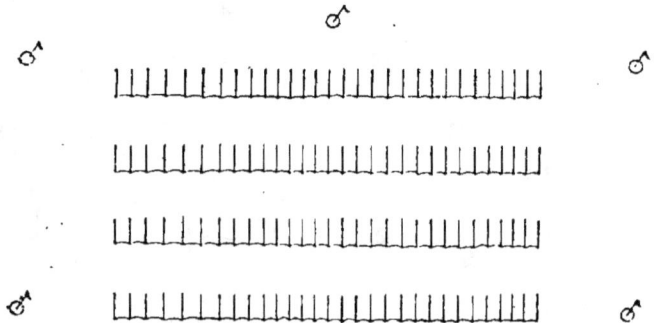

Total : **124 chevaux**, 5 hommes à pied.

5ᶜ EXEMPLE.

Trois troupes formées de 4 rangs et de 22 chevaux à chaque rang ; total : 88 chevaux par troupe.

L'ensemble des trois troupes présente 264 chevaux gardés par 11 hommes.

Les hommes à pied sont placés : 1 au milieu et en avant du 1ᵉʳ rang de chaque troupe, et 1 aux angles de chaque troupe, à la hauteur des premiers et derniers rangs. Ceux qui sont au milieu des intervalles tiennent et surveillent les chevaux qui sont à côté d'eux.

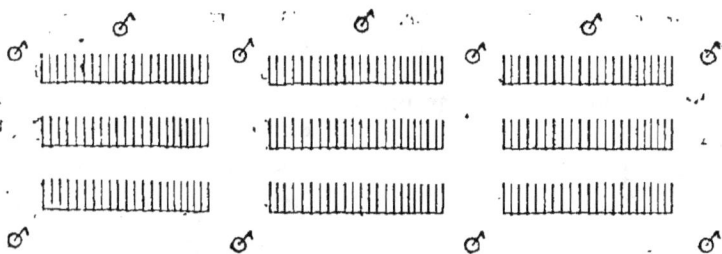

Total : 264 chevaux, 11 hommes.

Toutes les planches sont d'accord.

Les chevaux sont toujours liés de même, les rênes de l'un sont attachées à la tête du voisin. Les cavaliers sont armés de fouets pour maintenir l'ordre.

Quelques fragments de l'ouvrage : *De militia equestri antiqua et nova* faciliteront l'intelligence de ces planches :

> « Dum enim (uti dragonorum) singularis eorum ars versatur in dimittendis colligendisque equis, ne quid absentibus rectoribus turbent. »

Alors, en effet (comme pour les dragons), la besogne de chacun consiste à savoir attacher ensemble les chevaux tirés à l'écart, de peur qu'ils n'occasionnent du désordre en l'absence de leurs cavaliers.

Cette besogne, Flaminius l'a réduite, avec le plus grand soin, en préceptes (*Descripsit eam accuratissimus præceptus Flaminius*; lib. 1, cap. 22) :

> « Equites singuli hippodesmata seu habenas alteras habebunt convolutas, suspensasque freni equini sinistra parte decuriones subdecurionesque singuli habebunt dupplices, ex utraque parte unas. »

Chaque cavalier aura une longe (faite de crin de cheval) ou des rênes de rechange enroulées et suspendues au côté gauche du frein du cheval. Les décurions et les sous-décurions auront des cordes doubles, une de chaque côté.

Pour que les chevaux restent en ordre, le préfet de cavalerie et l'option (*optio cuide centurion*, à peu près le rôle de notre lieutenant-colonel) donneront leurs chevaux à garder aux valets d'armée. Le décurion devra s'avancer avec sa décurie à vingt pas devant l'escadron, et là, une fois tous à terre, chaque cavalier déroule avec la plus grande célérité les rênes suspendues à gauche de son frein, les attachera solidement à la droite du frein de son voisin, manœuvre qu'exécutera pareillement chaque décurie.

« Decurionum subdecurio-numque equi latera jugorum hinc inde claudent eorumque habenas retinebunt equites cujusque decuriæ duo, equosque cæteros sociorum vacuos retinebunt.

« Ii equi vacui victores suos jam pedites factos tegent à tergo.

« Singularum decuriarum equi jugo uno duobusve invicem subjunctis pro numero colligebuntur. »

Les chevaux des décurions et sous-décurions formeront de part et d'autre la file. Deux cavaliers de chaque décurie en tiendront les brides et garderont en même temps les autres chevaux non montés de leurs compagnons.

Les chevaux non montés seront placés derrière leurs cavaliers qui ont mis pied à terre (formant en quelque sorte derrière eux un rempart, un mur d'appui).

Les chevaux de chaque décurie seront attachés de front, formant une seule chaîne ou deux réunies, suivant leur nombre.

L'auteur fait intervenir un avis donné par l'empereur Léon (*Interpretor quod prudenter adfert Leo imperator*) :

« Equitum ubi descenderent, equo si pedites vicini sunt longe ab illis separa, ne si ex acie ad equos recurratur perturbatio fiat. »

Les cavaliers une fois descendus, si les fantassins ennemis sont près, éloignez d'eux les chevaux de main, de peur de désordre dans le cas où le combat ramènerait à leurs chevaux les cavaliers qui ont mis pied à terre.

Après la lecture de ces ouvrages, on est réellement stupéfait de voir une quantité semblable

9

de chevaux confiée à si peu d'nommes. L'immobilité peut encore se comprendre, mais certaines planches représentent cette masse en
mouvement. Alors, sans doute, les chevaux
étaient attachés non-seulement par rang, mais
par file, comme font les maquignons en route.

En tous cas, le déplacement restait des plus
difficiles, et cette question fixa l'attention des
spécialistes, car, en 1776, on constate, dans le
remarquable *Traité sur la cavalerie* de Dru-
mond de Melfort, que l'on a cherché à augmenter la mobilité des chevaux de main.

Au sujet de l'exécution d'un fourrage au vert,
l'auteur s'exprime ainsi : « On ferait attacher
les chevaux les uns aux autres, en suivant la
méthode des dragons lorsqu'ils ont à mettre
pied à terre. »

A ce récit est jointe une planche donnant la
disposition des chevaux de main, ainsi qu'il
suit :

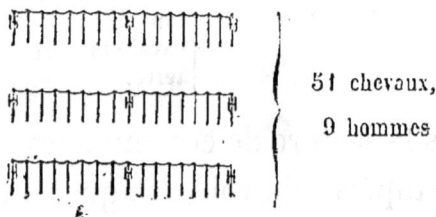

51 chevaux,
9 hommes

Les cavaliers ont mis pied à terre, sauf les cavaliers des deux extrémités et du milieu de chaque rang.

Les deux rangs n'ont entre eux qu'une petite distance (au plus une longueur de cheval). Les cavaliers restés à cheval ont des fouets ; ceux qui ont mis pied à terre sont à quelques pas en avant, occupés à faucher.

En récapitulant dans ces périodes éloignées la proportion qui existe entre le nombre des chevaux et le nombre des hommes qui les tiennent, nous trouvons :

1er Exemple :   4 hommes pour   26 chevaux.
2e   —   6   —   45   —
3e   —   5   —   200   —
4e   —   5   —   124   —
5e   —   11   —   264   —
6o   —   9   —   51   —

Ce qui donne, suivant les époques :

1 homme pour 6 chevaux.
1   —   7   —
1   —   40   —
1   —   28   —
1   —   24   —
1   —   6   —

Dans le siècle suivant, les principes deviennent plus précis et plus clairs. On condense

dans un règlement les mouvements à exécuter
et les commandements qui les suivent.

En 1799, à l'école du cavalier, l'instruction
prescrit : *Préparez-vous pour mettre pied à
terre.*

« A ce commandement, les deux dragons du
centre de chaque rang du peloton resteront à
cheval, et tous les autres mettront pied à terre,
ainsi qu'il est prescrit à la 3e leçon.

$$|||||\!\ast\!|||| \left.\begin{array}{l} \\ \\ \end{array}\right\} \begin{array}{l} \text{24 chevaux.} \\ \\ \text{4 hommes.} \end{array} \left.\begin{array}{l} \\ \\ \end{array}\right\} \text{1 homme pour 6 chevaux.}$$

Reprenez vos rangs.

« Tous les dragons reprennent leur rang et
attacheront leurs chevaux par les rênes de la
bride au montant de la têtière du cheval, qui
sera vers le centre du peloton, faisant le nœud
de façon que la bride embrasse la muserolle et
le montant de la têtière, le bout des rênes passé
dans la boucle du nœud, et le cheval attaché
environ à un pied de longueur.

« Les dragons du centre du peloton qui seront restés à cheval prendront les rênes du
cheval de leur voisin qui aura mis pied à terre,

celui de droite conduira les chevaux de la droite, et celui de gauche conduira ceux de la gauche.

« Ils croiseront les rênes dans la main dont ils mèneront leurs chevaux et prendront de la même main le bout des rênes du cheval de main, les soutenant de l'autre main près du mors, les ongles en dessus.

« Les dragons ayant attaché leurs chevaux, se porteront à un pas en avant du rang, tournant le dos à leurs chevaux ; ils ôteront le fusil de la grenadière et porteront leurs armes. »

Le règlement de 1829 diminue le nombre de chevaux tenus par le même homme. Il fait rester à cheval les cavaliers n°s 4 de chaque rang.

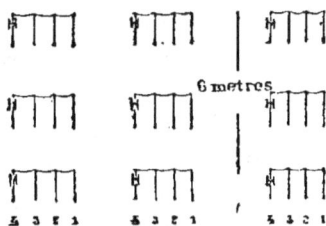

6 metres

Ce qui donne 1 homme pour 4 chevaux.

Les chevaux sont attachés comme ci-après :

« Les n°s 3 de chaque rang donnent les

rênes aux n°s 4 restés à cheval; les n°s 2 et 1
engagent avec les deux mains les rênes par le
bout, dans la têtière de bride du cheval qui est
à leur droite, les passent sous la muserolle et
le montant de la bride, les y attachent par un
nœud coulant, de façon que chaque cheval soit
à un pied environ de celui auquel il sera attaché.

« Les n°s 4 qui restent à cheval sont chargés
de la conduite des chevaux *haut-le-pied* qui
sont à leur droite; ils prennent dans la main
gauche le bout des rênes du premier cheval
haut-le-pied, les soutenant près du mors avec
la main droite, les angles en dessous; un sous-
instructeur ou sous-officier serre-file du peloton reste avec les chevaux haut-le-pied pour
les diriger. »

Le règlement de 1829 n'admettait le combat
à pied que pour les dragons; toutes les théories
étaient faites pour cette arme. Celles mises dans
les mains des chasseurs et des hussards ne di-
saient rien de la possibilité de mettre pied à
terre pour combattre. Du reste, même pour
les dragons, l'explication n'existait pas pour
la confection du *nœud de dragons* servant à atta-

cher les chevaux de main. Dans chaque régiment, on se le passait par tradition.

Depuis, la question s'est généralisée et a été étudiée de plus près. Il y a quelques années, on fit un essai, en Autriche, sur la manière d'attacher les chevaux de main avec des entraves. On opérait de la façon suivante :

Tous les cavaliers d'un peloton mettaient pied à terre, et 1 homme sur 8 restait pour tenir les chevaux ; les 7 autres hommes étaient donc disponibles pour le combat à pied.

Dans la crainte qu'un seul homme ne pût être maître de 8 chevaux, il fut prescrit de les entraver, et à cet effet chaque homme portait une entrave.

Le mouvement d'entraver se faisait rapidement ; mais il a été reconnu que l'opération d'ôter les entraves était beaucoup trop longue ; de plus, les chevaux ainsi entravés ne pouvaient plus faire aucun mouvement, et devaient être nécessairement pris si l'attaque à pied était repoussée.

Le cavalier, qui tenait les huit chevaux, passait les rênes de son propre cheval dans les rênes des 7 autres, et ne tenait dans la main que les rênes de son cheval dans lesquelles étaient engagées les rênes des 7 autres.

Pendant les dernières manœuvres, on s'est confirmé dans l'idée émise par quelques officiers, que ce groupe de 8 chevaux n'était pas assez mobile, et qu'il est pour ainsi dire impossible à 1 homme qui tient 8 chevaux de se porter en avant ou en arrière. Il est donc incapable de se porter à la rencontre des hommes à pied s'ils doivent remonter rapidement à cheval, ou de sauver les chevaux dans le cas d'un échec.

Après avoir énoncé les diverses manières de mettre pied à terre, de faire attacher les chevaux, de les faire tenir, d'en confier la garde à des cavaliers à pied ou à cheval, il s'agit de conclure. Pour obtenir un résultat logique, le plus simple est de discuter le pour ou le contre des différents systèmes. On peut les résumer ainsi :

1° *Chevaux liés les uns aux autres et tenus par des hommes à cheval ou à pied ;*

2° *Chevaux non liés et tenus par des hommes à cheval ;*

3° *Chevaux non liés et tenus par des hommes à pied ;*

4° *Dispositif des soutiens pour garder les chevaux de main à cheval ou à pied.*

1° **Chevaux liés les uns aux autres.** — Ce système a l'avantage de faire tenir beaucoup de chevaux par peu d'hommes; néanmoins, ses inconvénients majeurs doivent le faire rejeter. Non-seulement il demande un certain temps précieux à ménager, soit pour attacher les chevaux, soit pour les détacher, mais il ne donne aucune sécurité. Que l'un d'eux, par effroi ou par suite de blessure, se défende à outrance, il brisera quand même le lien d'attache, et partira en entraînant les autres. Si, au contraire, les chevaux ne sont pas liés, et si les rênes sont dans la main d'un cavalier, celui-ci lâche la bride de l'animal qu'il ne peut plus maintenir, et le reste du rang n'est pas dérangé. C'est donc à la main du cavalier qu'il vaut mieux recourir.

2° **Chevaux non liés et tenus par des cavaliers à cheval.** — Ce mode, bien que préférable au précédent, laisse encore beaucoup à désirer. Il a le désavantage de donner très-peu de carabines en ligne, puisque les cavaliers à cheval tiennent en main un, deux ou trois chevaux au

9.

plus, suivant les régiments des diverses puissances. Mais alors, si l'on retire de l'effectif d'un escadron agissant isolément, le chiffre des hommes à cheval, plus celui des cavaliers formant les patrouilles, plus le soutien qui doit défendre les chevaux de main, le nombre des cavaliers disponibles est insignifiant.

Ce système a encore l'inconvénient de trop mettre à la merci de l'ennemi les chevaux de main. Ce que les règlements semblent chercher avant tout, c'est une grande mobilité pour les chevaux de main. Suivant nous, le point capital serait d'avoir la certitude de retrouver intacts ces chevaux. Cette certitude disparaît avec des hommes montés, car par leur élévation au-dessus du sol, ils servent de cibles vivantes ; et, si on les expose aux coups, comme ils sont sans défense puisqu'ils ont les mains prises ; on risque, par leur mise hors de combat, de perdre les chevaux de main.

3° **Chevaux non liés et tenus par des cavaliers à pied.**—De tous les systèmes, celui-ci est le meilleur. Il permet de mettre en ligne le maximum de carabines, ce qui est le point capital, si l'on veut un combat sérieux à pied.

Les conducteurs à pied présentant en hauteur un mètre de moins que s'ils étaient à cheval, trouveront plus facilement des abris pour se masquer. Moins exposés à être mis hors de combat, ils tiendront les chevaux de main avec plus de certitude et de sécurité. Les chevaux n'étant pas liés, si l'un d'eux est blessé et se débat à outrance, le cavalier lâche la bride, pour qu'il n'entraîne pas tout le rang.

On objectera sans doute que le côté faible de ce système, c'est de ne pouvoir amener les chevaux aussi rapidement, sur un point désigné, qu'avec des cavaliers montés. Ce reproche est basé plus sur les apparences que sur la réalité.

En effet, l'idée de laisser les conducteurs à cheval pour arriver vite, tient à la nécessité d'appliquer le principe qui prescrit d'amener *toujours* les chevaux de main au-devant des hommes à pied. Ce principe est très-souvent faux. Dans le cas d'un échec, il y a tout avantage à ce que les chevaux soient éloignés et à se replier vers eux au lieu de les faire venir, car si l'on voulait se remettre en selle sous le feu de l'ennemi victorieux, les cavaliers et les che-

vaux seraient fusillés à coup sûr, il se produi-
rait un désordre que les chefs ne pourraient
arrêter, et l'on serait anéanti avant d'avoir
quitté la zone dangereuse : ce serait un désastre !

Faut-il, au contraire, se porter en avant ? Les
conducteurs à pied rempliront la mission avec
moins d'embarras et plus de certitude. Le temps
qu'on croit gagner avec des conducteurs à cheval serait appréciable si aucun cheval ne présentait de résistance ; mais, pour peu que quelques-uns se mordent, se tournent, se débattent,
ou même soient paresseux pour avancer, toutes
raisons fort admissibles, les avantages de vitesse disparaissent. Ces inconvénients n'existent
pas avec le conducteur à pied, car il est incontestablement beaucoup plus maître des chevaux,
et comme le parcours à franchir est toujours
minime, la différence en minutes sera insen-
sible.

Avec une troupe nombreuse, un régiment,
par exemple, nous ne craignons pas de dire
que les conducteurs à pied seuls offrent assez
de sécurité pour mener une masse aussi énorme
de chevaux (six cents). Pour venir aux combattants, les conducteurs entreront forcément

dans le rayon du feu ; ceux à cheval seront alors grandement exposés à être tués ou blessés, vu leur hauteur. Si plusieurs d'entre eux sont touchés, résultat infaillible, c'est autant de groupes de 4 chevaux lâchés, se jetant sur les autres, mettant le désordre dans les pelotons qui suivent, ralentissant la vitesse. De plus, fait très-grave, beaucoup d'hommes à pied se trouveront sans monture et laissés à la merci de l'ennemi.

Les conducteurs à pied, au contraire, sauf quelques-uns du premier rang, sont abrités par les chevaux qui les précèdent ; car, ainsi qu'on le verra plus loin, le meilleur dispositif pour la marche est en colonne. Ils peuvent empêcher les chevaux de se battre, ils avancent sans indécision, sans perte de temps, et finalement ils mettront en action la morale de la fable du lièvre et de la tortue.

Le cavalier à pied pour tenir les chevaux, telle est, suivant nous, la solution la moins trompeuse, et nous allons en donner la proportion par les chiffres résultant des expériences que nous avons souvent répétées.

De pied ferme, un cavalier à cheval peut tenir, ainsi que le prescrit le règlement français, un rang de peloton groupé autour de lui, mais il ne peut bouger.

Pour la marche, un cavalier à pied peut conduire facilement dans tous les sens six chevaux. Au-dessus de ce nombre, l'épaisseur des chevaux paquetés avec le bidon ou la marmite, etc., donne un front qui ne permet plus à l'homme de tenir solidement les rênes. Avec ce groupe, il est à même de changer de position, d'avancer, de faire demi-tour, par conséquent d'aller en tous sens pour se retirer ou pour se porter au-devant des combattants à pied. Il peut, si le temps presse, aller à eux en courant, et exécuter ainsi rapidement le mouvement.

Le cavalier à pied marchera en tenant dans chaque main les rênes de trois chevaux. Comme il importe de parer à l'écueil de voir les chevaux de main abandonnés par suite de la mise hors de combat des conducteurs, on désignera, pour les remplacer en cas d'accidents, quelques cavaliers de la réserve qui doit défendre les chevaux de main.

Pour résumer la supériorité du système que

nous proposons, nous établirons le parallèle suivant :

Un cavalier à cheval tient en main, en marche ou de pied ferme, 2 ou 3 chevaux au plus. Un cavalier à pied tient, en marche, 6 chevaux, et en place, 12.

Donc, dans le premier cas, le combat à pied reste une fiction, par suite du petit nombre de carabines en ligne ; dans le second, il offre une puissante réalité.

La conclusion est dès lors facile à tirer, et tout à l'avantage du cavalier à pied.

Réserve pour garder les chevaux de main. — Doit-elle être à cheval ou à pied? — Pour nous, la question se résume ainsi : La réserve doit être assez forte pour résister à l'ennemi jusqu'à ce que les combattants à pied aient le temps de revenir, si la situation l'exige. Sans cette condition, les chevaux de main sont compromis. Comme nous l'avons indiqué plus haut, l'irruption de la cavalerie adverse est seule à craindre, car si c'est de l'infanterie, étant prévenu par les patrouilles à cheval, on est à même de remonter et de partir.

La réserve peut-elle résister à cheval? Oui,

si elle est nombreuse : dans le cas, par exemple, où un escadron à pied serait soutenu par le reste du régiment à cheval ; non, si elle est faible, tandis qu'avec le même nombre d'hommes à pied elle tiendrait contre des forces quadruples.

En effet :

Supposons un escadron isolé et devant se suffire à lui-même. Comme réserve à cheval, le capitaine ne pourra laisser plus d'un peloton ; autrement, en défalquant les hommes qui tiennent les chevaux de main, il ne lui resterait qu'un nombre insignifiant de carabines à mettre en ligne pour combattre à pied.

Or, un peloton ne saurait résister qu'à un peloton ; car, pour compter sans déception, il faut bien admettre qu'une unité ennemie en vaut une des nôtres. Et si l'ennemi lance deux pelotons, que deviendront les chevaux de main ? Ils ne seront plus gardés.

Vingt à vingt-quatre hommes à pied, au contraire, bien embusqués, pourraient arrêter ou disperser une centaine de chevaux (opinion admise dans les autres armes). Ce même peloton à pied tiendrait donc tête à un escadron ennemi, force équivalente au nombre de chevaux qu'il est chargé de défendre.

Par conséquent, une troupe à pied offre une résistance quadruple de la même force à cheval, puisqu'un peloton tiendrait tête à un escadron. C'est cette donnée qui servira de base pour indiquer le nombre d'hommes à pied nécessaire à la garde des chevaux de main, savoir : Un peloton pour un escadron, un escadron pour un régiment.

Dispositif des chevaux de main. — Nous terminerons le chapitre concernant les chevaux de main par les considérations qui ont trait à leur dispositif.

La facilité de retrouver sans indécision les chevaux est une question capitale qu'il est indispensable de fixer, car une bonne solution augmentera la confiance morale des combattants à pied et permettra, sans perte de temps, l'emploi combiné du feu et du cheval, qui constitue la double puissance de la cavalerie.

Il importe donc au plus haut point de se donner ces avantages, qui ne pourront s'obtenir que par des mesures très-précises.

Si le nombre des chevaux de main est peu

considérable, la difficulté est minime; mais si un régiment tout entier a mis pied à terre, c'est une masse énorme de 600 chevaux qu'il faut sévèrement discipliner, sous peine d'arriver à la confusion, et par suite à un désastre.

Comme solution, nous proposons les mesures suivantes :

Pour un régiment, les chevaux de main seront placés sous les ordres du chef d'escadrons qui est à l'échelon de réserve. Il aura comme cadre un adjudant-major, un adjudant, et par escadron deux maréchaux des logis, le maréchal des logis fourrier et le brigadier fourrier.

Les chevaux des officiers et des sous-officiers seront tenus par les maréchaux ferrants et les trompettes non employés. Le combat à pied exigeant peu de trompettes, il suffit d'en mettre un avec le colonel, un avec le chef d'escadrons qui est en 1re ligne, et un avec chaque capitaine commandant.

Les chevaux de la troupe seront disposés dans l'ordre où l'on aura mis pied à terre, pour que chaque cavalier puisse retrouver vite et sans indécision son escadron, son peloton, son cheval.

La formation en ligne de colonnes ou en masse de colonnes, suivant le terrain, offrira généralement le meilleur dispositif à prendre, soit de pied ferme, soit en marche, quand le nombre des chevaux de main est considérable. Pour un escadron, on se formera en colonne avec distance.

CONCLUSION.

Après les considérations qui précèdent, la conclusion est des plus simples à déduire.

L'histoire en main, nous avons prouvé que depuis les temps les plus reculés jusqu'à nos jours, l'emploi du combat à pied pour la cavalerie avait été compris et pratiqué par tous les grands généraux. Napoléon, le plus illustre de tous les maîtres, insiste sur cette idée, et dans ses Mémoires, écrits à tête reposée, il y revient souvent, en prescrit l'application fréquente et la précise par des chiffres fixant la proportion bonne pour résister.

L'importance du combat à pied, fertile en résultats dans le passé et le présent, s'affirme encore plus pour l'avenir; car elle n'est que la conséquence du rôle qui incombe à la cavalerie par suite de la puissance sans cesse croissante des armes à feu.

On nc peut nier l'influence produite depuis quelques années sur la tactique par la longue portée et la rapidité du tir. Elles fournissent à l'infanterie, à l'artillerie, au génie, à la marine même, un élément de progrès dont on ne saurait prévoir la limite. La cavalerie, seule entre toutes les armes, veut-elle donc échapper à cette évolution, et se contenter de la puissance qui tient au cheval? Mais alors, c'est l'immobilité, car les moyens de l'animal sont peu susceptibles de grandir. C'est accepter qu'elle doit de plus en plus s'éloigner du champ de bataille, puisque la puissance de la charge, qui dépend surtout de la force vive acquise au moment du choc, tend à s'affaiblir avec la portée des armes à feu. C'est rapetisser le rôle de la cavalerie et l'exposer sans cesse, si l'on venait à découvrir des moyens nouveaux de destruction encore plus perfectionnés, à entendre sinon discuter sa raison d'être, comme après la guerre de 1866, du moins à voir diminuer son prestige et son importance.

Que la cavalerie, au contraire, cherche un appoint vigilant, énergique, intelligent, dans l'arme de précision qu'elle a dans les mains, sa mission s'élargit, sa confiance augmente, l'avenir s'éclaircit, car elle perd le souci d'être distancée, puisqu'elle profitera, comme l'infanterie, de tout perfectionnement et pourra la suivre pas à pas dans la voie du progrès.

Plus que jamais, il faut que l'union et le secours que doivent se porter les trois armes soient aussi complets que possible, pour satisfaire au maximum des exigences ; or, sans l'action du feu, la cavalerie serait malhabile à remplir sa mission future, soit avant le combat, soit sur le champ de bataille.

En effet, au début de la guerre, pendant que les armées se forment, le rôle de la cavalerie consiste à protéger la mobilisation, à garantir le territoire laissé entre la frontière et les points de concentration, et il s'exerce dans des espaces illimités. Il faut donc qu'elle se suffise à elle-même, qu'elle puisse s'emparer des positions importantes à occuper et les garder jusqu'à l'arrivée de l'infanterie. Cette mission s'accomplira d'abord en se servant du cheval pour se porter rapidement au point voulu, mais elle ne pourra être complétée que par le combat à pied.

Pendant l'action sur le champ de bataille, la

cavalerie restera souvent le seul gardien de l'artillerie, car celle-ci, soumise aux effets destructeurs de l'artillerie ennemie, devra être beaucoup plus mobile que par le passé, se tenir à plus grande distance, et, ne pouvant être suivie par l'infanterie, elle devra demander protection à la cavalerie. Or, nous avons démontré, au chapitre concernant le rôle de ces deux armes, que le maximum de résistance ne pouvait être produit que par la combinaison du combat à cheval et du combat à pied.

Nous dirons, de plus, comme argument indiscutable, que, nous trouvant en face des puissances étrangères qui accordent une sérieuse importance au combat à pied, il nous faut, sous peine de leur être inférieur, non-seulement les imiter, mais éviter les points faibles de leurs théories, profiter des saines idées émises, et finalement chercher à faire mieux et plus simplement.

La guerre moderne impose à la cavalerie la nécessité absolue de mettre en jeu tous ses ressorts. Or, sa puissance pouvant se manifester par le combat à cheval et par le combat à pied, il est indispensable de chercher à porter au plus haut point le parti que l'on doit tirer de cette double instruction.

Se contenter de l'une sans demander à l'autre ce qu'elle peut donner, c'est gratuitement renoncer à utiliser tous nos avantages, c'est vouloir n'obtenir que des demi-résultats. Que l'on ne vienne pas dire que le combat à pied tend à faire perdre à la cavalerie ses qualités natives ; car l'équivoque ne peut exister.

Ces qualités précieuses de fond, de vitesse, d'entraînement constant, de hardiesse et d'habitudes équestres, nous les voulons aussi développées que possible ; et c'est précisément parce que nous les comprenons dans leur emploi suprême, que nous soutenons nettement qu'on ne paralysera point l'élan de la cavalerie en l'exerçant au combat à pied ; bien au contraire ! C'est donner au cavalier la confiance et la hardiesse voulues pour employer le cheval jusqu'à son dernier souffle, puisqu'il lui reste ensuite la puissance du feu qui le rend encore redoutable. Il sera donc porté plus que jamais à tirer de sa monture tout le fond et la vitesse qu'elle possède, ressources qui constituent les forces vitales de la cavalerie.

La crainte qui existe en France de voir la cavalerie détournée de son véritable but par l'importance du combat à pied n'est point fondée. Le service à cheval, par tradition, par instinct et par goût, aura toujours le premier rôle.

En effet, n'est-ce pas à l'emploi du cheval que nous devons les sensations qui ont pour nous tant d'attrait? Non-seulement le cheval est notre principal élément de succès, mais il représente le côté séduisant, brillant, irrésistible de notre mission.

Il est notre luxe, notre coquetterie, notre inséparable pour la guerre comme pour la parade. Être sur un cheval qui bondit dans l'espace, franchit les grandes distances à toute vitesse, nous porte à tire-d'aile sur un point où nous n'étions pas attendus, et nous dérobe aussitôt à la vue, c'est un charme qu'aucun autre exercice ne saurait donner. L'entrain de l'animal, son souffle puissant, le bruit de ses sabots battant le sol, la rapidité de la course, le vent que l'on perce et qui fouette le visage, toutes ces sensations portent à la tête et donnent une sorte de vertige qui enivre. Le service à cheval représente donc le côté séduisant, chevaleresque, légendaire, poétique et, irrésistiblement, nous y reviendrons toujours comme le fer à l'aimant.

Le service à pied, au contraire, représente pour le cavalier le côté fatigant, sérieux, difficile. Armé de sa carabine, il n'avance que lentement, en s'abritant derrière les obstacles. La tête doit rester froide pour bien viser, et, après avoir ajusté avec calme, le coup part et frappe de loin sans l'animation du combat.

D'un côté se trouvent donc le prestige, le plaisir, l'attrait, tout ce qui parle à l'imagination. De l'autre, rien que le réalisme et l'exercice pénible. Dès lors, on ne doit plus craindre que la seconde mission détourne de la première, et chacune d'elles reste avec ses attributions bien définies.

Le service à cheval constitue et constituera toujours le rôle important de la cavalerie, et cela sans discussion possible, puisque sans ses chevaux elle n'existe point. Cette puissance, il la faut tout entière, et nous insistions déjà sur ce point, il y a quelques années, en prouvant, dans notre *Étude sur le fond et la vitesse*, qu'une troupe de cavalerie devait franchir en un jour cent vingt kilomètres. Plus que jamais nous voulons aujourd'hui les pointes à perte de vue et les opérations à grandes distances, car les exigences actuelles nous imposent la nécessité de pouvoir parcourir, plusieurs jours de suite, 80 kilomètres et au delà. Cette dépense de forces est dans nos moyens, et nous ne saurions assez répéter que le fond du cheval est une mine d'or dans laquelle on peut et on doit, en campagne, puiser à pleines mains.

Mais quand les chevaux sont fatigués ou que le terrain ne permet pas de les employer, s'en-suit-il que la cavalerie est réduite à l'impuissance? C'est inacceptable, et nous rejetons hardiment l'étroitesse de cette pensée, qui rapetisse la grandeur de notre mission.

La cavalerie, comme nous le comprenons, est une arme qui doit avoir sans cesse la fièvre du mouvement. Il la faut remuante, nerveuse, ne tenant pas en place, altérée par la soif de l'activité, et buvant l'air. Donc, quand elle ne peut plus combattre à cheval, qu'elle cherche alors l'occasion de s'utiliser à pied en employant l'arme à feu, c'est ainsi qu'elle mettra en jeu tous ses ressorts en faisant appel à tous ses moyens. C'est à cette condition seulement qu'elle sera vraiment à même de répondre aux exigences de la guerre moderne, et pour cela il est urgent qu'elle porte au plus haut point l'initiative, l'indépendance, la liberté d'action, la mobilité, résultats qui seront donnés par la combinaison ingénieuse, énergique, intelligente et rapide du service à cheval et du service à pied.

En résumé, développement de toutes les forces du cheval dans leur emploi suprême, joint à l'appoint redoutable fourni par l'arme à feu, telle est la double puissance qui rendra la cavalerie plus que jamais la reine des grands espaces, en lui ouvrant un champ d'action fertile et sans limites, où elle pourra développer et dépenser ses généreuses qualités.

FIN.

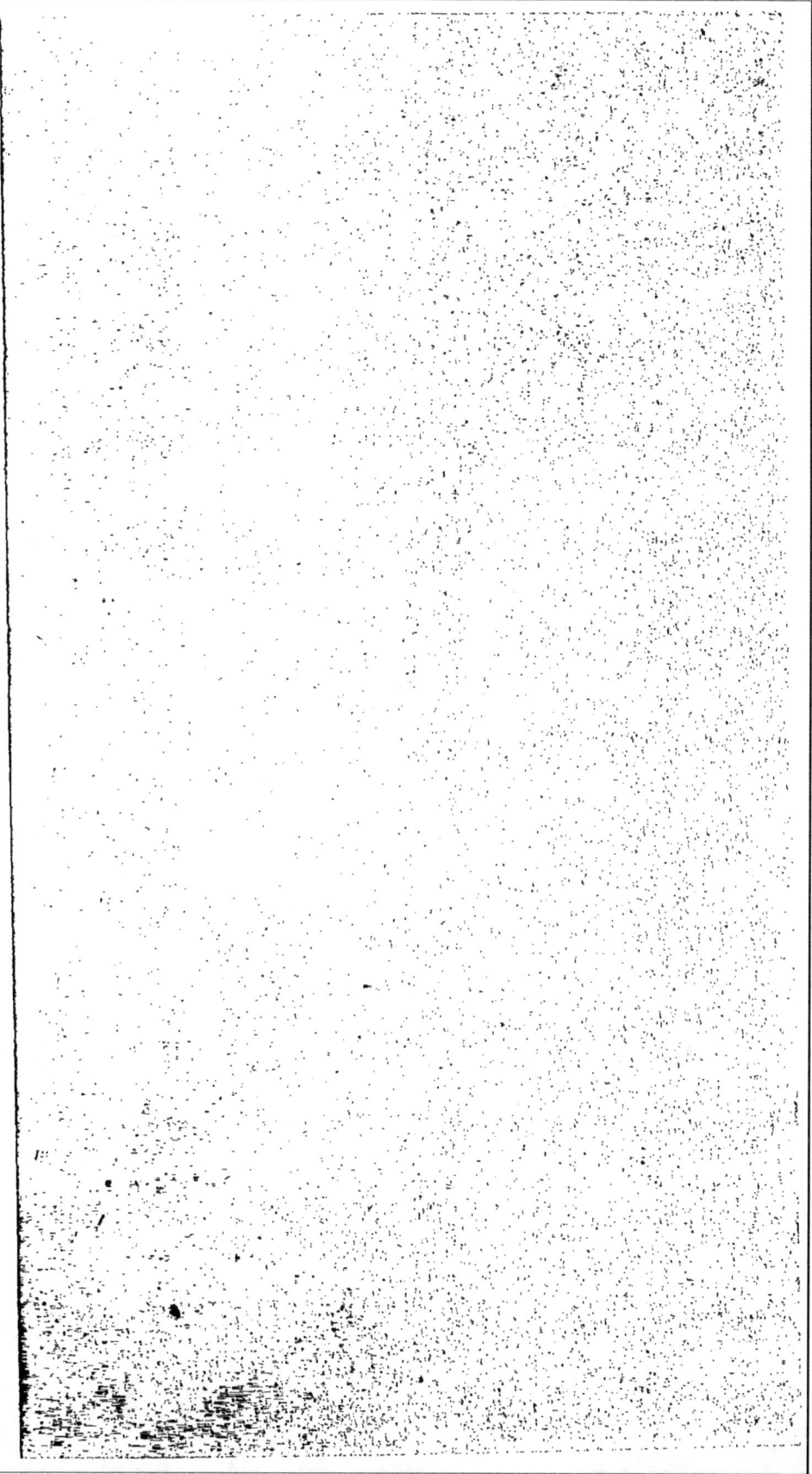

Paris. — Imprimerie J. DUMAINE, rue Christine, 2.

www.ingramcontent.com/pod-product-compliance
Lightning Source LLC
Chambersburg PA
CBHW072232270326
41930CB00010B/2099